Veronica GROSU
Elena HLACIUC
Marian SOCOLIUC

Noțiuni și expresii financiare

Iași
2013

NOŢIUNI ŞI EXPRESII FINANCIARE
Veronica GROSU
Elena HLACIUC
Marian SOCOLIUC

Copyright **Editura Lumen, 2013**
Iaşi, Ţepeş Vodă, nr.2

Editura Lumen este acreditată CNCS

edituralumen@gmail.com
prlumen@gmail.com

www.edituralumen.ro
www.librariavirtuala.com

Redactor: Roxana Demetra STRATULAT
Design copertă: Roxana Demetra STRATULAT

Descrierea CIP a Bibliotecii Naţionale a României
GROSU, VERONICA
    Noţiuni şi expresii financiare / Veronica Grosu, Elena Hlaciuc, Marian Socoliuc. - Iaşi : Lumen, 2013
    ISBN 978-973-166-352-4
I. Hlaciuc, Elena
II. Socoliuc, Marian

81'374.2:657+33+336=135.1
001.4:657+33+336=135.1

Veronica GROSU
Elena HLACIUC
Marian SOCOLIUC

Noțiuni și expresii
financiare

Iași
2013

Prefață

Lucrarea de față, rod al muncii de documentare, interpretare, selecție și ordonare, depusă de un microcolectiv de cadre didactice de la Facultatea de Economie și Adminstrație Publică, din cadrul Universității "Ștefan cel Mare" din Suceava, apare într-un context în care necesitatea unui instrument care să permită accesul facil la înțelegerea unor termeni și expresii dintr-un domeniu important, cum este cel financiar, este cât se poate de acută.

Astfel, autorii includ aici o parte semnificativă a celor mai uzuali termeni financiari, neurmărind altceva decât să răspundă dorinței de informare a studenților de la programele de licență în domeniul economic, dar și celor care își continuă studiile mai departe, pe nivelurile "Bologna", la masterat și doctorat.

Observăm că, în măsură apreciabilă, definițiile termenilor prezentați sunt extrase din surse documentare care se pretează, din punct de vedere științific, acestui scop. Este vorba, în principal, despre norme juridice naționale, evident armonizate cu cadrul instituțional european, cât și despre unele culegeri de standarde internaționale în materie — de contabilitate și raportare financiară ori de audit etc.

Termenii în cauză sunt structurați în conformitate cu sistemul de noțiuni caracteristic domeniului financiar și, în fine, redați în ordine alfabetică.

Pentru ușurarea consultării de către utilizatori, autorii au elaborat cu migală și o tablă de materii analitică/ index, cititorul regăsind, la sfârșitul lucrării, trimiterea la numărul paginii - la care se află în lucrare - a fiecărui termen ori expresie de ordin specific.

Ceea ce ar mai trebui reținut este că demersul în discuție poate fi la fel de util și altor categorii de beneficiari, în afara celor amintiți mai sus. Și anume, practicienilor, adică economiștilor integrați în activitatea profesională curentă la nivelul companiilor sau instituțiilor financiare, cât și – de ce nu – oricărui dintre noi care dorim a ne spori capacitatea de a înțelege mai bine "viața financiară".

Suceava, 18 iunie 2013

Prof. univ. dr. Ionel BOSTAN, DHC

A

Acceptarea: forma de decontare prin care plăţile între agenţii economici se efectuează pe baza consimţământului plătitorului dat din proprie iniţiativă sau la cererea furnizorului.

Accizele: taxe de consumaţie care se datorează bugetului de stat pentru anumite produse cum ar fi: tutun, alcool, cafea, blănuri, bijuterii, autoturisme, produse petroliere, parfumuri (sunt considerate de lux). Se stabilesc prin aplicarea unor cote asupra valorii bunurilor sau în sume fixe pe categorii de bunuri.

Achiziţie: conform IAS 22 „Combinări de întreprinderi", o combinare de întreprinderi în care una dintre societăţi, dobânditorul obţine controlul asupra activelor nete şi operaţiunilor unei alte întreprinderi, societatea achiziţionată, în schimbul transferului de active, al asumării datoriilor sau al emisiunii de titluri de capital ale societăţii.

Acreditivele: conturi deschise de întreprindere la bănci şi reprezintă sume rezervate în vederea achitării unor obligaţii faţă de anumiţi furnizori de bunuri şi servicii pe măsura îndeplinirii condiţiilor aferente acreditivelor.

Acreditivul: formă de decontare care asigură furnizorului garanţia încasării contravalorii livrărilor şi prestaţiilor efectuate prin rezervarea disponibilităţilor băneşti în conturi distincte din care, pe măsura livrărilor se fac decontările.

Acţiunea ordinară: conform IAS 33 „Rezultatul pe acţiune", reprezintă un instrument de capital, subordonat tuturor celorlalte clase de instrumente de capital.

Acţiunea ordinară potenţială: conform IAS 33 „Rezultatul pe acţiune", este un instrument financiar sau un alt contract care poate să acorde deţinătorului acesteia dreptul la acţiuni ordinare.

Acţiunile: titluri de valoare emise de către societăţile comerciale pe acţiuni, prin care se dovedeşte dreptul de proprietate al deţinătorului asupra unei părţi din capitalul social al societăţii care le-a emis.

Acţiunile proprii: 1. titluri de valoare emise de societăţile comerciale pe acţiuni, răscumpărate la nevoie pentru a fi recedate sau anulate. 2. acţiunile proprii răscumpărate temporar în vederea distribuirii personalului întreprinderii sau terţilor, regularizării cursului bursier sau reducerii capitalului social.

Activ biologic: conform IAS 41 „Agricultura", un animal viu sau o plantă.

Activ calificabil: conform IAS 23 „Costurile îndatorării", este un activ care solicită în mod necesar o perioadă substanţială de timp pentru a fi gata în vederea utilizării sale prestabilite sau pentru vânzare.

Activ circulant: conform O.M.F.P. 3055/2009 actualizat, este un activ care se aşteaptă să fie realizat sau este deţinut cu intenţia de a fi vândut sau consumat în cursul normal al ciclului de exploatare al entităţii; este deţinut, în principal, în scopul tranzacţionării; se aşteaptă a fi realizat în termen de 12 luni de la data bilanţului; sau este reprezentat de numerar sau echivalente de numerar a căror utilizare nu este restricţionată.

Activ contingent: 1. conform IAS 37 „Provizioane, datorii şi active contingente" – un activ posibil care apare ca urmare a unor evenimente anterioare şi a cărui existenţă va fi confirmată numai prin apariţia sau neapariţia unuia sau mai multor evenimente viitoare nesigure, care nu pot fi în totalitate sub controlul întreprinderii. 2. conform O.M.F.P. 3055/2009 actualizat – este un activ potenţial care apare ca urmare a unor evenimente anterioare datei bilanţului şi a căror existenţă va fi confirmată numai prin apariţia sau neapariţia unuia sau mai multor evenimente viitoare nesigure, care nu pot fi în totalitate sub controlul entităţii.

Activ cu ciclu lung de fabricaţie: un activ care solicită în mod necesar o perioadă substanţială de timp pentru a fi gata în vederea utilizării sale prestabilite sau pentru vânzare.

Activ financiar: conform IAS 32 „Instrumente financiare", orice activ care reprezintă: (a) numerar; (b) un drept contractual de a încasa numerar sau alte active financiare de la altă întreprindere; (c) un drept contractual de a schimba instrumente financiare cu altă întreprindere în condiţii care sunt potenţial favorabile; sau (d) un instrument de capitaluri proprii al unei alte întreprinderi.

Activ financiar sau o datorie financiară evaluat(ă) la valoarea justă prin profit sau pierdere: conform IAS 39: „Instrumente financiare – Recunoaştere şi evaluare") un activ financiar sau o datorie financiară care întruneşte oricare dintre următoarele condiții: (a) este clasificat(ă) drept deținut(ă) în vederea tranzacționării; un activ financiar sau o datorie financiară este clasificat(ă) drept deținut(ă) în vederea tranzacționării dacă este: (i) dobândit(ă) sau suportat(ă) în principal în scopul vânzării sau reachiziționării la termenul cel mai apropiat; (ii) la recunoașterea inițială face parte dintr– un portofoliu de instrumente financiare identificate gestionate împreună și pentru care există dovezi ale unui tipar real recent de urmărire a profitului pe termen scurt; sau (iii) un instrument derivat (cu excepția unui instrument derivat care este un contract de garanție financiară sau un instrument desemnat și eficace de acoperire împotriva riscurilor); (b) la recunoașterea inițială este clasificat(ă) de către entitate drept evaluat(ă) la valoarea justă prin profit sau pierdere. O entitate poate utiliza această desemnare numai atunci când se permite la punctul 11A sau atunci când rezultatul acestei acțiuni oferă mai multe informații, deoarece fie (i) elimină sau reduce în mod semnificativ o inconsecvență de evaluare sau recunoaștere (uneori numită „neconcordanța contabilă") care ar rezulta altminteri din evaluarea activelor sau datoriilor sau din recunoașterea câștigurilor și pierderilor din acestea pe diferite baze; fie (ii) un grup de active financiare, datorii financiare sau ambele sunt gestionate împreună, performanța acestora fiind evaluată la valoarea justă, în conformitate cu o gestionare documentată a riscului sau cu o strategie de investiții, iar informațiile despre grup sunt furnizate pe plan intern pe acea bază către personalul cheie de conducere al entității.

Active: 1. resurse controlate de întreprindere ca rezultat al unor evenimente trecute și de la care se așteaptă să genereze beneficii economice viitoare pentru întreprindere. 2. conform O.M.F.P. 3055/2009 actualizat – resurse controlate de către entitate ca rezultat al unor evenimente trecute, şi de la care se aşteaptă să genereze beneficii economice viitoare pentru entitate. Un activ este recunoscut în contabilitate şi prezentat în bilanţ atunci când este probabilă realizarea unui beneficiu economic viitor de către entitate şi activul are un cost sau o valoare care poate fi evaluat(ă) în mod credibil.

Active circulante (numite şi active curente): 1. bunurile şi valorile care se utilizează pe o perioadă scurtă în activitatea întreprinderii şi, în general, participă la un singur circuit economic, modificându–şi în permanenţă forma. 2. cuprind ansamblul de bunuri şi servicii care intervin în ciclul de exploatare al întreprinderii şi sunt destinate fie a fi consumate la prima lor utilizare, fie a fi prelucrate în procesul de producţie, ori a fi vândute în starea în care au fost procurate.

Active imobilizate (imobilizările): 1. active generatoare de beneficii economice, destinate utilizării pe o perioadă îndelungată (>1 an). Cuprind activele destinate utilizării pe o bază continuă în activitatea entităţii. Sunt reprezentate prin bunurile şi valorile unei întreprinderi deţinute durabil (>1 an), care nu se consumă la prima utilizare iar valoarea lor se recuperează eşalonat prin includerea în cheltuielile mai multor perioade contabile în funcţie de durata de viaţă utilă (durata de utilizare economică). 2. bunurile şi valorile cu o durată de folosinţă îndelungată (mai mare de un an) în activitatea întreprinderii şi care nu se consumă la prima utilizare.

Active imobilizate corporale: bunuri materiale (tangibile) deţinute de entităţi şi destinate a fi utilizate o perioadă îndelungată în producția de bunuri, prestarea de servicii, închiriere sau scopuri administrative.

Active imobilizate financiare: investițiile financiare deținute de o entitate în capitalul altor entități pe o perioadă mai mare de un an și care aduc deținătorilor diverse câștiguri. Cuprind acțiuni și alte titluri cumpărate și deținute pe termen lung. Exemplu: titlurile de participare, interesele de participare, alte titluri imobilizate și creanțele imobilizate.

Active imobilizate necorporale: active identificabile fără suport material (netangibile), deținute pentru utilizare în procesul de producție sau furnizare de bunuri și servicii, pentru a fi închiriate terților ori pentru scopuri administrative.

Active curente: conform IAS 1 „Prezentarea situațiilor financiare", sunt activele care se așteaptă să fie realizate sau sunt deținute pentru vânzare sau consum în cursul normal al ciclului de exploatare al întreprinderii; sunt deținute în principal în scopul comercializării; se așteaptă a fi realizate în termen de 12 luni de la data bilanțului; sau reprezintă numerar ori echivalente de numerar (așa cum sunt definite de IAS 7 „Situația fluxurilor de trezorerie"), cu excepția cazului în care asupra sa există restricții de utilizare în scopul stingerii unei datorii în termen de cel puțin 12 luni după data bilanțului.

Activele deținute de un fond de beneficii ale angajaților pe termen lung: conform IAS 19 „Beneficiile angajaților", reprezintă activele (altele decât instrumentele financiare netransferabile emise de întreprinderea raportoare) care: (a) sunt deținute de o entitate (un fond) care este separată, din punct de vedere juridic de întreprinderea raportoare și al cărei scop unic este de a plăti sau finanţa beneficiile angajaţilor; şi (b) sunt disponibile utilizării numai cu scopul de a plăti sau finanţa beneficiile angajaţilor, dar nu sunt disponibile creditorilor întreprinderii raportoare (nici măcar în caz de faliment), şi care nu pot fi returnate întreprinderii raportoare, cu excepţia cazului în care: (i) activele rămase în posesia fondului sunt suficiente pentru a îndeplini toate obligaţiile întreprinderii raportoare; sau (ii) activele sunt returnate întreprinderii raportoare, cu scopul de a rambursa beneficiile angajaţilor deja plătite.

Activele financiare disponibile în vederea vânzării: conform IAS 39 „Instrumente financiare – Recunoaştere şi evaluare", sunt acele active financiare nederivate care sunt desemnate drept disponibile în vederea vânzării sau care nu sunt clasificate drept (a) împrumuturi şi creanţe, (b) investiţii păstrate până la scadenţă sau (c) active financiare la valoarea justă prin profit sau pierdere.

Activele monetare: 1. conform IAS 22 „Combinări de întreprinderi" –bani păstraţi şi active de primit în sume de bani fixe sau determinabile. 2. conform IAS 38: „Imobilizări necorporale" – sunt bani deţinuţi şi active ce urmează a fi primite în sume fixe sau determinabile de bani.

Activele nete disponibile pentru beneficii: conform IAS 26 „Contabilizarea şi raportarea planurilor de pensii" sunt activele unui plan, mai puţin datoriile, altele decât valoarea actualizată actuarială a pensiilor promise.

Activele pe segment: conform IAS 14 „Raportarea pe segmente" sunt acele active de exploatare care sunt utilizate de un segment în activitatea de exploatare şi care fie sunt direct atribuibile segmentului respectiv, fie pot fi alocate segmentului pe un temei rezonabil.

Activele şi datoriile financiare monetare sunt considerate drept instrumente financiare monetare, conform IAS 32 „Instrumente financiare" – active şi datorii financiare ce urmează a fi încasate sau plătite în bani, pentru o sumă determinată sau determinabilă.

Activitatea agricolă: conform IAS 41 „Agricultura", reprezintă administrarea de către o entitate a transformării activelor biologice, în scopul vânzării în producţie agricolă sau în active biologice adiţionale.

Activităţile curente: 1. orice activităţi desfăşurate de o entitate, ca parte integrantă a afacerilor sale, precum şi activităţile conexe în care aceasta se angajează şi care sunt o continuare a primelor activităţi menţionate, incidente acestora sau care rezultă din acestea. 2. conform O.M.F.P. 3055/2009 actualizat, sunt orice activităţi desfăşurate de o persoană juridică ca parte integrantă a obiectului său de activitate precum şi activităţile conexe acestora.

Activităţile de exploatare: 1. principalele activităţi aducătoare de venit ale entităţii precum şi alte activităţi care nu sunt activităţi de investire sau finanţare. 2. conform IAS 7 „Situaţia fluxurilor de numerar" – sunt principalele activităţi producătoare de venit ale întreprinderii. Aceasta constituie o parte importantă a situaţiei fluxurilor de numerar deoarece arată succesul înregistrat de activităţile entităţii la generarea unor fluxuri de numerar suficiente pentru rambursarea creditelor, plata dividendelor şi realizarea de noi investiţii fără ca entitatea să fie nevoită să apeleze la surse externe de finanţare.

Activităţile de finanţare: acele activităţi care au ca efect modificări ale dimensiunii şi compoziţiei capitalurilor proprii şi ale datoriilor întreprinderii.

Activităţile de investiţie: constau în achiziţionarea şi cedarea de active imobilizate şi alte investiţii care nu sunt incluse în echivalente de numerar.

Activităţile în curs de întrerupere: conform IAS 35 „Activităţi în curs de întrerupere" reprezintă o componentă a activităţii unei întreprinderi: 1. pe care întreprinderea conform unui singur plan: (a) o înstrăinează în întregime într-o tranzacţie unică (de exemplu prin vânzare sau prin renunţarea la dreptul de proprietate de către acţionari) sau prin vânzare pe bucăţi (de exemplu prin vânzarea sau decontarea individuală a activelor, respectiv datoriilor componentei); sau (b) o lichidează prin abandon. 2. care reprezintă o linie de activitate majoră separată sau o arie geografică majoră de exploatare şi care poate fi evidenţiată distinct din punct de vedere operaţional, cât şi în scopuri de raportare financiară.

Actul constitutiv: documentul care atestă înfiinţarea firmei, mărimea capitalului şi principalele drepturi şi obligaţii ale asociaţilor sau acţionarilor.

Ajustările de valoare: conform O.M.F.P. 3055/2009 actualizat, cuprind toate corecţiile destinate să ţină seama de reducerile valorilor activelor individuale, stabilite la data bilanţului, indiferent dacă acea reducere este sau nu definitivă; pot fi: ajustări permanente, denumite amortizări, şi/sau ajustările provizorii, denumite ajustări pentru depreciere sau pierdere de valoare, în funcţie de caracterul permanent sau provizoriu al ajustării activelor.

Ajustările pentru deprecierea stocurilor şi a producţiei în curs de execuţie: corecţii generate de scăderea conjuncturală a valorii actuale a acestora comparativ cu valoarea de înregistrare, constatate prin inventariere de regulă la sfârşitul exerciţiului financiar.

Alte beneficii pe termen lung ale angajaţilor: conform IAS 19 „Beneficiile angajaţilor" – sunt beneficiile angajaţilor (altele decât beneficiile post–angajare, beneficiile pentru încheierea contractului şi compensaţiile sub forma participărilor la capitalurile proprii) care nu sunt datorate în totalitate în termen de douăsprezece luni, după sfârşitul perioadei în care angajaţii prestează serviciul în cauză.

Alte creanţe: creanţele generate de relaţiile de decontare ale întreprinderii cu personalul, bugetul statului, alte organisme publice, asigurările sociale, protecţia socială, debitori diverşi etc.

Alte instalaţii, utilaje şi mobilier: active nenominalizate în grupele menţionate, cum ar fi: mobilier, aparatură birotică, echipamente de protecţie a valorilor umane şi materiale şi alte active corporale.

Alte investiţii financiare: acţiuni cotate şi necotate, obligaţiuni emise şi răscumpărate, obligaţiuni cotate şi necotate achiziţionate de întreprindere în vederea obţinerii de venituri financiare într un termen scurt.

Alte investiţii pe termen scurt: conform O.M.F.P. 3055/2009 actualizat, reprezintă obligaţiunile emise şi răscumpărate, obligaţiunile achiziţionate şi alte valori mobiliare achiziţionate în vederea realizării unui profit într-un termen scurt.

Alte titluri imobilizate: titlurile de valoare, altele decât categoriile menţionate, pe care întreprinderea le deţine şi nu are nici intenţia, nici posibilitatea să le revândă.

Ambalajele: 1. conform O.M.F.P. 3055/2009 actualizat, includ ambalajele refolosibile, achiziţionate sau fabricate, destinate produselor vândute şi care în mod temporar pot fi păstrate de terţi, cu obligaţia restituirii în condiţiile prevăzute în contracte. 2. sunt bunuri destinate să protejeze stocurile materiale pe timpul depozitării, transportului, manipulării, prezentării. 3. sunt bunuri utilizate în scopul protecţiei pe timpul transportului sau depozitării diverselor active.

Amortizarea: conform IAS 16 „Imobilizări corporale", este alocarea sistematică a valorii amortizabile a unui activ pe întreaga sa durată de viaţă utilă.

Amortizarea accelerată: conform O.M.F.P. 3055/2009 actualizat, constă în includerea, în primul an de funcţionare, în cheltuielile de exploatare a unei amortizări de până la 50% din valoarea de intrare a imobilizării. Amortizările anuale pentru exerciţiile financiare următoare sunt calculate la valoarea rămasă de amortizat, după regimul liniar, prin raportare la numărul de ani de utilizare rămaşi. Deoarece amortizarea calculată trebuie să fie corelată cu modul de utilizare a activului şi, întrucât în cazuri rare o imobilizare corporală se consumă în primul an în procent de până la

17

50%, rezultă că metoda de amortizare accelerată este mai puțin utilizată în scopuri contabile.

Amortizarea degresivă: conform O.M.F.P. 3055/2009 actualizat, constă în multiplicarea cotelor de amortizare liniară cu un anumit coeficient, caz în care poate fi avută în vedere legislația în vigoare.

Amortizarea liniară: conform O.M.F.P. 3055/2009 actualizat este realizată prin includerea uniformă în cheltuielile de exploatare a unor sume fixe, stabilite proporțional cu numărul de ani ai duratei de utilizare economică a acestora.

Amortizarea valorii activelor imobilizate cu durate limitate de utilizare economică: conform O.M.F.P. 3055/2009 actualizat, reprezintă alocarea sistematică a valorii amortizabile a unui activ pe întreaga durată de utilizare economică.

Angajament ferm: conform IAS 39 „Instrumente financiare – Recunoaștere și evaluare", este un acord irevocabil de a schimba o cantitate specificată de resurse la un preț specificat, la o dată sau la mai multe date viitoare specificate.

Angajamente acordate: angajamentele acordate de către unitate (giruri, cauțiuni, garanții, alte angajamente acordate), evidențiind creanța eventuală a acesteia asupra terților în cazul în care va fi determinată să plătească în locul terților suma constituind obiectul angajamentului.

Angajamente primite: angajamentele primite de către unitate (giruri, cauțiuni, garanții, alte angajamente primite), reflectând creanța eventuală a terților asupra unității în cazul în care terţii vor fi determinaţi să plătească în locul unităţii suma constituind obiectul angajamentului.

Animalele: animale şi păsări născute sau cele tinere de orice fel (viţei, miei, purcei, mânji şi altele), crescute şi folosite pentru reproducţie, animale şi păsări la îngrăşat pentru a fi valorificate, colonii de albine, precum şi animale pentru producţia de lână, lapte şi blană.

Armonizarea contabilă: procesul prin care regulile sau normele naţionale diferite de la o ţară la alta, uneori divergente sunt perfecţionate pentru a fi comparabile şi a se da aceeaşi interpretare evenimentelor şi tranzacţiilor.

Asistenţa guvernamentală: conform IAS 20 „Contabilitatea subvenţiilor guvernamentale şi prezentarea informaţiilor legate de asistenţa guvernamentală", reprezintă acţiunile întreprinse de guvern, cu scopul de a acorda beneficii economice specifice unei întreprinderi sau unei categorii de întreprinderi care îndeplinesc anumite criterii. În înţelesul acestui standard, asistenţa guvernamentală nu include doar beneficii oferite indirect, prin acţiunile guvernului, care influenţează condiţiile economice generale, cum ar fi provizioane pentru infrastructuri în zonele de dezvoltare sau impunerea unor constrângeri comerciale întreprinderilor concurente.

Asociere în participaţie: conform IAS 31 „Interesele în asocierile în participaţie", este o înţelegere contractuală prin care două sau mai multe părţi întreprind o activitate economică supusă controlului comun.

Auditul: 1. funcţie de control şi de revizie contabilă a unei firme; proces prin care persoane competente şi independente colectează și evaluează probe pentru a–și forma o opinie asupra gradului de corespondență între cele observate și anumite criterii prestabilite. 2. reprezintă activitatea de verificare a situațiilor financiare de către auditori financiari conform standardelor internaționale de audit (emise de IFAC International Federation of Accountants). 3. reprezintă procesul desfășurat de persoane fizice sau juridice legal abilitate, numite auditori, prin care se analizează și evaluează, în mod profesional, informații legate de o anumită entitate, utilizând tehnici și procedee specifice, în scopul obținerii de dovezi, numite probe de audit, pe baza cărora auditorii emit într–un document, numit raport de audit o opinie responsabilă și independentă, prin apelarea la criterii de evaluare care rezultă din reglementările legale sau din buna practică recunoscută unanim în domeniul în care își desfășoară activitatea entitatea auditată.

Audit financiar: activitatea de verificare a situațiilor financiare de către auditori financiari conform standardelor internaționale de audit emise de IFAC (International Federation of Accountants).

Auditul intern: activitate independentă de asigurare obiectivă și de consiliere, destinată să adauge valoare și să antreneze îmbunătățirea activităților organizației. Ajută organizația în îndeplinirea obiectivelor sale printr–o abordare sistematică și disciplinată în cadrul evaluării și îmbunătățirii eficacității proceselor de management al riscurilor, control și guvernare.

Auditul preventiv: examinare a operațiunilor administrative sau financiare anterior desfășurării lor efective, având avantajul de a putea preveni prejudiciul înainte ca acesta să apară.

Auditul ulterior: examinare a operațiunilor administrative sau financiare după desfășurarea lor.

Avansuri și alte imobilizări necorporale: 1. conform O.M.F.P. 3055/2009 actualizat, se înregistrează avansurile acordate furnizorilor de imobilizări necorporale, programele informatice create de entitate sau achiziționate de la terți pentru necesitățile proprii de utilizare, precum și rețete, formule, modele, proiecte și prototipuri. 2. reprezintă sume puse la dispoziția administratorilor sau altor persoane, cu avizul conducerii, în vederea efectuării unor plăți pentru aprovizionări de bunuri, prestări de servicii, cheltuieli (de) cu deplasări, detașări, delegații, servicii poștale, taxe de telecomunicații, cheltuieli (de) cu reclamă, publicitatea și protocolul, precum și alte sume mai puțin semnificative dar în legătură cu activitatea curentă a unității.

Avansurile de trezorerie: sume virate la bănci sau sume în numerar, puse la dispoziția personalului sau a terților, persoanelor juridice sau fizice, în vederea efectuării unor plăți în numele întreprinderii.

Avansurile pentru cumpărări de stocuri: sume de bani plătite cu anticipație furnizorilor în contul aprovizionării cu bunuri și servicii.

Avansurile și imobilizările necorporale în curs de execuție: imobilizările în curs de execuție (care nu au fost terminate) pentru nevoile proprii efectuate de întreprindere sau de terți, inclusiv sumele de bani achitate în contul activelor corporale.

Avizul de însoţire a mărfii: document pentru eliberarea – primirea în gestiune şi ca act de însoţire a stocurilor pe timpul transportului.

B

Balanță (de verificare): 1. procedeu specific metodei contabilității care asigură verificarea exactității înregistrării operațiilor economice în conturi, legătura dintre conturile sintetice și analitice, precum și centralizarea datelor contabilității curente. Balanța de verificare se prezintă sub forma unei situații tabelare, în care se înscriu datele valorice preluate din conturi. 2. operație contabilă de totalizare a cifrelor din debit și a celor din credit; situația conturilor la o anumită dată (lună, trimestru, semestru, an).

Balanță comercială: raportul dintre valoarea generală a importului și cea a exportului.

Ban/Bani: unitate monetară și monedă egală cu a suta parte dintr-un leu; p. restr. monedă măruntă, divizionară a leului.

Bancă: întreprindere financiară care efectuează operații de plată și de credit și organizează circulația bănească.

Bancar: care aparține băncii, privitor la bancă.

Bănești: a exercita funcția de bani.

Bază (monetară): indicatorul calculat ca medie zilnică și la sfârșitul perioadei, în structura căruia sunt incluse următoarele elemente: numerar în casieriile băncilor, numerar în afara sistemului bancar, disponibilități ale băncilor la BNR.

Beneficiar: persoană, colectivitate sau instituție care are folos din ceva; destinatar al unor bunuri materiale sau al unor servicii.

Beneficii pe termen scurt ale angajaților: conform IAS 19 „Beneficiile angajaților", sunt beneficii ale angajaților (altele decât beneficiile pentru încheierea contractului de muncă și compensațiile sub forma participațiilor la capitalurile proprii) care sunt datorate, în totalitate, în termen de douăsprezece luni de la sfârșitul perioadei în care angajații prestează serviciul în cauză.

Beneficiile angajaților: conform IAS 19 „Beneficiile angajaților", sunt toate formele de contraprestații acordate de o întreprindere în schimbul serviciului prestat de angajați.

Beneficiile economice: 1. conform O.M.F.P. 3055/2009 actualizat, reprezintă potențialul de a contribui, direct sau indirect, la fluxul de numerar sau echivalente de numerar către entitate. Potențialul poate fi unul productiv, fiind parte a activităților de exploatare ale entității. Această contribuție se reflectă fie sub forma creșterii intrărilor de numerar, fie sub forma reducerii ieșirilor de numerar, de exemplu, prin reducerea costurilor de producție. 2. se referă la capacitatea activelor de a se transforma în numerar sau în echivalente ale numerarului (de exemplu, prin vânzare) sau de a reduce ieșirile de numerar (de exemplu o nouă tehnologie de producție care micșorează costurile).

Beneficiile legitime: conform IAS 26 „Contabilizarea și raportarea planurilor de pensii", reprezintă acele beneficii la care se are dreptul, în baza condiţiilor unui plan de pensii, necondiţionat de continuitatea angajării.

Beneficiile legitime ale angajaţilor: conform IAS 19 „Beneficiile angajaţilor", sunt beneficiile angajaţilor ce nu sunt condiţionate de angajări viitoare.

Beneficiile post angajare: conform IAS 19 „Beneficiile angajaţilor", sunt beneficiile angajaţilor (altele decât beneficiile pentru încheierea contractului de muncă şi compensaţiile sub forma participărilor la capitalurile proprii) care sunt plătibile după încheierea contractului de angajare.

Beneficiu: profit financiar al unei întreprinderi, reprezentând diferenţa dintre veniturile realizate şi cheltuielile ocazionate de acestea.

Bifuncţional: cu dublă funcţie.

Bilanţ: 1. documentul contabil de sinteză prin care se prezintă elementele de activ şi de pasiv ale întreprinderii la încheierea exerciţiului, precum şi celelalte situaţii prevăzute de cadrul legislativ. 2. act de contabilitate prin care se constată situaţia activului şi a pasivului unei activităţi financiare pentru o anumită perioadă de timp. 3. conform O.M.F.P. 3055/2009 actualizat, este documentul contabil de sinteză prin care se prezintă elementele de activ, datorii şi capital propriu ale entităţii la sfârşitul exerciţiului financiar, precum şi în celelalte situaţii prevăzute de lege. În bilanţ elementele de activ şi datoriile sunt grupate după natură şi lichiditate, respectiv natură şi exigibilitate.

Bilanţier: registru de înscriere a bilanţurilor.

Bilanţul condensat: conform IAS 34 „Raportarea financiară interimară", este întocmit la sfârşitul perioadei interimare şi comparativ la sfârşitul exerciţiului financiar integral precedent.

Bilateral: care obligă în egală măsură ambele părţi contractante.

Bilet (de bancă): hârtie de valoare emisă de o bancă, prin care acesta se obligă să plătească deţinătorului la prezentare, suma înscrisă pe hârtie.

Birotică: ansamblu de tehnici de informatică ce ţin de activitatea administrativă, de secretariat.

Bon: hârtie de valoare emisă de stat sau de o instituţie financiară recunoscută de stat.

Bon de tezaur: obligaţie emisă de stat pentru sumele împrumutate pe termen scurt şi pentru care statul plăteşte dobândă.

Bonificaţie (sume de bani): scăzute din valoarea unei facturi, ca despăgubire.

Borderou: tabel sau listă în care se înregistrează sumele unui cont, materialele dintr–un depozit, documentele şi hârtiile dintr–un dosar.

Brevet de invenţie: document pe care organul de stat competent îl eliberează inventatorului sau persoanei căreia acesta i–a transmis drepturile sale şi prin care se recunoaşte dreptul acestora de a exploata exclusiv invenţia un anumit timp.

Brevet: document oficial acordat de o autoritate (de stat) prin care se conferă unei persoane o distincţie, o calitate în virtutea căreia are anumite drepturi speciale.

Brut: care este evaluat fără a scădea impozitul sau cheltuielile aferente.

Buget: 1.bilanţ al veniturilor şi al cheltuielilor unui stat, al unei întreprinderi, pe o perioadă determinată. 2.plan în care se prevăd veniturile şi cheltuielile probabile ale unui stat, ale unei întreprinderi, instituţii, familii, persoane etc. pe o perioadă de timp determinată.

Buletinul (analiză): document de certificare a calităţii prin care se face o descriere detaliată a anumitor caracteristici fizice, mecanice ale produsului.

Bun imobiliar ocupat de către proprietarul său: conform IAS 40 „Investiţii imobiliare", este un imobil deţinut fie de către proprietar, fie de către utilizatorul dintr un contract de leasing financiar, în scopul de a fi folosit în activitatea de producţie sau de livrare de bunuri ori servicii sau în scopuri administrative.

Bunurile: conform IAS 18 „Venituri din activităţi curente", sunt atât cele produse de societate în scopul vânzării, cât şi cele cumpărate pentru revânzare, cum ar fi mărfurile cumpărate de un comerciant en–detail sau terenurile şi alte proprietăţi deţinute în scopul revânzării.

Bursă: instituţie unde se negociază hârtii de valoare şi valute străine sau unde se desfăşoară tranzacţii de mărfuri.

27

C

Casa în lei și **Casa în devize**: evidențiază numerarul aflat în casieria unității și mișcarea acestuia, sub forma plăților și încasărilor efectuate în cursul perioadei.

Capacitatea normală de producție: conform O.M.F.P. 3055/2009 actualizat, reprezintă producția estimată a fi obținută, în medie, de-a lungul unui anumit număr de perioade, în condiții normale, având în vedere și pierderea de capacitate rezultată din întreținerea planificată a echipamentului.

Capital bancar: capital bănesc de care dispun băncile și din care se acordă împrumuturi cu dobândă.

Capitalul: sursa de finanțare durabilă cu caracter stabil și permanent al unei entități economice, sub forma echivalentului valoric al resurselor investite de proprietari sau terți pe termen lung delimitând resursele (sursele) stabile de finanțare a activelor pe perioadă mai mare de un an.

Capitalul împrumutat sau atras (datoriile pe termen lung): resursele externe atrase de la diverse persoane, altele decât investitorii, ce trebuie plătite într o perioadă mai mare de un an altele decât datoriile curente. Pentru acestea deținătorul trebuie să plătească suplimentar (dobânda) sau să îndeplinească o anumită prestație.

Capitalul propriu: dreptul acţionarilor (interesul rezidual) în activele întreprinderii după deducerea tuturor datoriilor. Capitalul propriu reprezintă resursele proprii ale entităţii, destinate finanţării durabile care dau dimensiunea „gradului de sănătate" al întreprinderii.

Capitalul social: o sursă avansată de finanţare a unei entităţi ce reflectă, totalitatea aporturilor (în bani şi în natură) puse la dispoziţia entităţii în mod permanent de către acţionari sau asociaţi sub formă de paricipaţie. Entitatea juridică care se constituie este distinctă şi diferită de proprietarii săi.

Capitalul social: aportul în bani sau bani şi natură al proprietarilor.

Capitalul subscris nevărsat: angajamentele sau promisiunile de aport făcute de asociaţi sau acţionari în baza actelor de constituire a firmei. Se reflectă cu ajutorul contului 1011 „Capital subscris nevărsat". Are rolul de a evidenţia capitalul subscris nevărsat (promis, angajat că va fi depus) de asociaţi şi acţionari.

Capitalul subscris nevărsat: capitalul pe care proprietarii s–au angajat să–l pună la dispoziţia întreprinderii.

Capitalul subscris vărsat: 1.angajamentele de aport onorate efectiv în baza documentelor justificative care atestă depunerea aporturilor. Se reflectă în contabilitate cu denumirea de „Capital subscris vărsat". 2.partea din capitalul subscris care a fost fizic depusă de către proprietari la dispoziţia întreprinderii.

Casa: disponibilităţile băneşti aflate în casieria întreprinderii în lei şi în devize şi sub forma altor valori (timbre fiscale şi poştale, bilete de tratament şi odihnă, tichete şi bilete de călătorie etc).

Câştigurile: creşteri ale beneficiilor economice care pot apărea sau nu, ca rezultat din activitatea curentă, dar care nu diferă ca natură de veniturile din această activitate.

Cecuri de încasat: documente ce au rolul de a evidenţia drepturile de creanţă faţă de clienţi ca urmare a cecurilor de decontare emise şi acceptate de furnizori sau prestatori.

Cercetarea: conform IAS 38: „Imobilizări necorporale", este o investigaţie originală şi planificată, efectuată în perspectiva câştigului de noi cunoştinţe ştiinţifice sau tehnologice, precum şi a unei mai bune înţelegeri.

Certificatele de depozit: titluri de valoare emise de către stat sau bănci care asigură la scadenţă o anumită dobândă.

Cheltuiala cu impozitul pe profit: o cheltuială nedeductibilă fiscal.

Cheltuială pe segment: conform IAS 14 „Raportarea pe segmente", este cheltuiala ce rezultă din activitatea de exploatare a unui segment care este direct atribuibilă segmentului respectiv şi ponderea relevantă dintr-o cheltuială care poate fi alocată pe un temei rezonabil segmentului respectiv, inclusiv cheltuielile legate de vânzări către clienţi externi şi cheltuielile legate de tranzacţii cu alte segmente ale aceleiaşi entităţi.

Cheltuieli angajate: conform O.M.F.P. 3055/2009 actualizat, sunt obligaţiile de plată pentru bunuri şi servicii care au fost primite de la furnizori sau expediate de furnizori, dar care nu au fost încă plătite, facturate sau nu s-a convenit oficial asupra plății lor cu furnizorul, inclusiv salariile datorate angajaților (de exemplu, sumele aferente concediului plătit).

Cheltuieli angajate, dar cu plata ulterioară: se înregistrează în corespondență cu conturile de terți.

Cheltuieli constatate în momentul plății: se înregistrează în corespondență cu conturile de trezorerie.

Cheltuieli contabile: calculate pentru a estima deprecierile definitive sau latente fără angajarea unei plăți, fiind reprezentate de amortizări, provizioane și ajustări pentru deprecieri și pierderi de valoare a activelor.

Cheltuieli cu amortizările, provizioanele și ajustările pentru depreciere sau pierdere de valoare ale activelor: cheltuieli care se referă la deprecierea imobilizărilor sau a stocurilor și la cele rezultate din influența inflației.

Cheltuieli cu impozite, taxe și vărsăminte asimilate: cheltuieli cu impozitele pe clădiri, terenuri, taxa pentru folosirea mijloacelor de transport etc.

Cheltuieli cu impozitul pe profit: cheltuieli care se datorează statului la sfârșitul exercițiului, reprezentând o cotă parte din profitul brut al agenților economici care intră sub incidența impozitului pe profit. Această categorie de cheltuieli nu este deductibilă fiscal.

Cheltuieli cu lucrările și serviciile prestate de terți: lucrări cu întreținerea și reparația utilajelor, locații de gestiune, chirii, studii de cercetare, cheltuieli de protocol, cheltuieli de poştă sau telecomunicaţii, servicii bancare etc.

Cheltuieli cu personalul: cheltuieli cu salariile, asigurările sociale, şomaj, fondul de sănătate etc.

Cheltuieli de cumpărare a investiţiilor financiare pe termen scurt se înregistrează pe cheltuieli ale perioadei fiind deductibile fiscal.

Cheltuieli de exploatare: 1. consumuri şi plăţi efectuate pentru realizarea activităţii de bază a întreprinderii. 2. sunt generate de activitatea de bază respectiv consumuri, angajamente şi plăţi care urmăresc realizarea obiectivelor prevăzute prin actele de înfiinţare ce definesc profilul principal şi activităţile conexe ale entităţii. Se încadrează în categoria cheltuieli de exploatare: cheltuieli cu stocurile; cheltuieli cu lucrările şi serviciile executate de terţi; cheltuieli cu alte servicii executate de terţi; cheltuieli cu alte impozite, taxe şi vărsăminte asimilate; cheltuieli cu personalul; alte cheltuieli de exploatare.

Cheltuieli din activităţile financiare: pierderile din creanţe legate de participaţii, cheltuieli privind investiţiile financiare cedate, diferenţele nefavorabile de curs valutar, dobânzile privind exerciţiul financiar în curs, sconturile acordate clienţilor, pierderile din creanţe de natură financiară şi altele.

Cheltuieli din diferenţe de curs valutar: diferenţe nefavorabile între cursul la care au fost înregistrate tranzacţiile şi cursul la care se face decontarea, în condiţiile dezvoltării comerţului exterior şi a instabilităţii monedei naţionale.

Cheltuieli extraordinare: evenimente şi tranzacţii clar diferite de activităţile obişnuite, neavând caracter regulat, frecvent şi nu ce pot fi influenţate (calamităţile şi alte evenimente similare).

Cheltuieli financiare: diminuările de beneficii economice ca urmare a angajamentelor ce privesc asigurarea finanţării entităţii, cum sunt: pierderi din vânzarea titlurilor de plasament; diferenţe nefavorabile de curs valutar; cheltuieli cu dobânzile şi sconturile; pierderi din creanţe legate de participaţii.

Cheltuieli privind consumurile de materii prime, materiale, obiecte de inventar, ambalaje, costul de achiziţie al mărfurilor vândute, etc.

Cheltuielile: 1.diminuări ale beneficiilor economice înregistrate pe parcursul perioadei contabile sub formă de ieşiri sau scăderi ale valorii activelor, ori creşteri ale datoriilor care se concretizează în reduceri ale capitalului propriu altele decât cele rezultate din distribuirea acestora către acţionari. 2.conform Reglementărilor introduse prin Programul de Dezvoltare a Contabilităţii din România, constituie diminuări ale beneficiilor economice înregistrate pe parcursul exerciţiului contabil sub formă de ieşiri sau scăderi ale valorii activelor sau creşteri ale datoriilor, care se concretizează în reduceri ale capitalului propriu, altele decât cele rezultate din distribuirea acestora către acţionari.

Cheltuielile cu alte servicii executate de terţi: cheltuieli care privesc: colaboratorii, comisioanele, onorariile, publicitatea, protocolul, transportul de bunuri şi personal, deplasările, transferările, detaşările, taxele de telecomunicaţii, serviciile bancare şi alte cheltuieli executate de terţi.

Cheltuielile cu dobânzi: conform IAS 19 „Beneficiile angajaţilor", reprezintă creşterea înregistrată în timpul unei perioade în valoarea actualizată a unei obligaţii privind beneficiul determinat, ce apare pentru că beneficiile sunt cu o perioadă mai aproape de achitare.

Cheltuielile de constituire: 1.cheltuielile cu înfiinţarea, dezvoltarea şi fuziunea întreprinderii (taxe de înregistrare şi înmatriculare, cheltuieli privind emiterea şi vânzarea de acţiuni, cheltuieli de prospectare a pieţei şi de publicitate) numai când reglementările permit imobilizarea acestora. 2.conform O.M.F.P. 3055/2009 actualizat, sunt cheltuielile ocazionate de înfiinţarea sau dezvoltarea unei entităţi (taxe şi alte cheltuieli de înscriere şi înmatriculare, cheltuieli privind emisiunea şi vânzarea de acţiuni şi obligaţiuni, precum şi alte cheltuieli de această natură, legate de înfiinţarea şi extinderea activităţii entităţii).

Cheltuielile de dezvoltare: costurile efectuate pentru realizarea unor obiective strict individualizate, a căror fezabilitate tehnologică a fost demonstrată şi care vor fi utilizate în întreprindere sau comercializate.

Cheltuielile de explorare şi evaluare a resurselor minerale: conform O.M.F.P. 3055/2009 actualizat, sunt cheltuieli generate de entitate în legătură cu explorarea şi evaluarea resurselor minerale, înainte ca fezabilitatea tehnică şi viabilitatea comercială ale extracţiei resurselor minerale să fie demonstrate.

Cheltuielile înregistrate în avans: sume de bani achitate în cursul exerciţiului curent, dar care se referă la servicii care vor fi primite în cursul exerciţiului următor, când vor fi recunoscute drept cheltuieli (de exemplu, chirii sau abonamente plătite în avans).

Cheltuielile şi veniturile extraordinare: evenimente sau tranzacţii ce sunt clar diferite de activităţile obişnuite, nu au caracter regulat sau frecvent şi nu pot fi influenţate de voinţa noastră.

Chiria contingentă: conform IAS 17 „Contracte de leasing", este acea parte a plăţilor de leasing care nu are o valoare determinată, dar este stabilită în funcţie de un factor, altul decât trecerea timpului (de exemplu, un procentaj din vânzări, gradul de utilizare, indici de preţ, ratele dobânzilor practicate pe piaţă).

Ciclul de exploatare al unei întreprinderi: perioada de timp dintre achiziţionarea materiilor prime care intră într un proces şi finalizarea sa în numerar sau sub forma unui instrument uşor convertibil în numerar.

Ciclul de exploatare al unei entităţi: conform O.M.F.P. 3055/2009 actualizat, reprezintă perioada de timp dintre achiziţionarea activelor care sunt destinate procesării şi finalizarea acestora în numerar sau echivalente de numerar.

Cifră de afaceri: indicator financiar de bază al activităţii întreprinderii care rezultă din însumarea veniturilor rezultate din vânzările de bunuri, executarea de lucrări, prestările de servicii, locaţii, chirii, studii, cercetări şi alte venituri din exploatare. Veniturile care formează cifra de afaceri sunt legate de profilul principal al activităţii agenţilor economici şi reprezintă cea mai mare parte a veniturilor întreprinderii.

Cifră de afaceri netă: cuprinde sumele provenind din vânzarea de bunuri şi prestarea de servicii ce intră în categoria acţiunilor curente ale persoanei juridice după scăderea reducerilor comerciale, a taxei pe valoarea adăugată şi a altor impozite şi taxe aferente.

Clientul: cumpărător sau beneficiar al bunurilor şi serviciilor achiziţionate contra cost de la furnizor sau prestator.

Combinare de întreprinderi: conform IAS 22 „Combinări de întreprinderi", presupune gruparea unor întreprinderi separate într-o singură entitate economică, drept rezultat al uniunii (de) unei întreprinderi cu o altă întreprindere sau a obţinerii controlului de către o întreprindere asupra activelor nete şi operaţiunilor altei întreprinderi.

Conceptul financiar al capitalului: banii investiţi sau puterea de cumpărare investită, reprezintă capitalul propriu al întreprinderii.

Concesiunea: convenţia prin care o parte numită concedent cedează unei alte părţi denumite concesionar pe o perioadă determinată dreptul de exploatare a unor bunuri sau de exercitare a unor activităţi.

Concesiunile, brevetele, licenţele, mărcile, drepturile şi valorile similare şi alte imobilizări necorporale: include costurile efectuate pentru achiziţionarea drepturilor de exploatare a unui bun, activitate sau serviciu în cazul concesiunilor, a unui brevet, a unui know how, a unei licenţe, a unei mărci şi a altor drepturi similare de proprietate industrială şi intelectuală. Alte imobilizări necorporale includ active nenominalizate în grupele menţionate, cum ar fi: programele informatice create de întreprindere sau achiziţionate de la terţi în scopul utilizării pentru nevoile proprii etc.

Conformitatea în contabilitate are în vedere adaptarea (alinierea) reglementărilor naţionale în domeniu contabilităţii la altele similare (ex. Directivele Europene) care conţin un grad mai mare de generalitate, reprezentativitate şi acceptabilitate.

Construcţiile: mijloace fixe reprezentate de clădiri achiziţionate de la terţi sau din producţie proprie, care se supun amortizării, deoarece ele au durată de utilizare limitată. Cu toate că o construcţie nu poate fi separată de terenul pe care îl ocupă, este important să se evidenţieze separat terenurile şi construcţiile.

Consumul este specific utilizării efective a resurselor în scopul satisfacerii unor nevoi productive.

Contabilitatea: activitate specializată în măsurarea, evaluarea, cunoaşterea, gestiunea şi controlul activelor, datoriilor capitalurilor proprii, precum şi a rezultatelor obţinute de persoanele juridice şi fizice.

Contabilitatea decontărilor cu personalul: conform O.M.F.P. 3055/2009 actualizat, cuprinde drepturile salariale, sporurile, adaosurile, premiile din fondul de salarii, indemnizaţiile pentru concediile de odihnă, precum şi cele pentru incapacitate temporară de muncă, plătite din fondul de salarii, primele reprezentând participarea personalului la profit, acordate potrivit legii, şi alte drepturi în bani şi/sau în natură datorate de entitate personalului pentru munca prestată.

Contabilitatea decontărilor între entitățile din cadrul grupului și cu acționarii/asociații: conform O.M.F.P. 3055/2009 actualizat, cuprinde operațiunile care se înregistrează reciproc și în aceeași perioadă de gestiune, atât în contabilitatea entității debitoare, cât și a celei creditoare, precum și decontările între acționari/asociați și entitate privind capitalul social, dividendele cuvenite acestora, alte decontări cu acționarii/asociații și, de asemenea, conturile coparticipanților referitoare la operațiunile efectuate în comun, în cazul asocierilor în participație.

Contabilitatea financiară contabilitate de angajamente: ceea ce semnifică recunoașterea evenimentelor și tranzacțiilor la data producerii lor și nu la momentul încasării sau plății.

Contabilitatea terților: conform O.M.F.P. 3055/2009 actualizat, asigură evidența datoriilor și creanțelor entității în relațiile acesteia cu furnizorii, clienții, personalul, asigurările sociale, bugetul statului, entitățile afiliate și cele legate prin interese de participare, asociații/acționarii, debitorii și creditorii diverși.

Contract cost plus: conform IAS 11 „Contracte de construcții", este acel contract de construcție în care antreprenorul recuperează costurile permise sau definite expres în contract, plus un procent din aceste costuri sau un onorariu fix.

Contract cu preț fix: conform IAS 11 „Contracte de construcții", este acel contract de construcție în care antreprenorul este de acord cu un preț contractual fix sau cu o rată fixă pe unitatea de produs finit, care în unele cazuri poate fi supusă unor clauze de indexare a prețului.

Contract de construcţie: conform IAS 11 „Contracte de construcţii", este un contract negociat în mod particular pentru construcţia unui activ sau a unei combinări de active care se află într o strânsă relaţie sau interdependenţă în ceea ce priveşte proiectarea, tehnologia şi funcţionarea sau scopul ori utilizarea lor finală.

Contract de garanţie financiară: conform IAS 39 „Instrumente financiare – Recunoaştere şi evaluare", este un contract care impune emitentului să efectueze plăţi specificate pentru a rambursa deţinătorul pentru o pierdere suportată din cauză deoarece un anumit debitor nu a putut să efectueze o plată conform termenilor iniţiali sau modificaţi ai unui instrument de datorie.

Contract de leasing: conform IAS 17 „Contracte de leasing", este un acord prin care locatorul cedează locatarului, în schimbul unei plăţi sau serii de plăţi, dreptul de a utiliza un bun pentru o perioadă stabilită de timp.

Contract de leasing: conform O.M.F.P. 3055/2009 actualizat, este un acord prin care locatorul cedează locatarului, în schimbul unei plăţi sau serii de plăţi, dreptul de a utiliza un bun pentru o perioadă stabilită.

Contract oneros: conform IAS 37 „Provizioane, datorii şi active contingente", este un contract în care costurile inevitabile implicate de îndeplinirea obligaţiilor contractuale depăşesc beneficiile economice estimate a se obţine din respectivul contract.

Contractele de futures: înţelegere între două părţi de a vinde, respectiv de a cumpăra un activ la o scadenţă viitoare.

Contribuţia entităţii la asigurările sociale (CAS): se calculează în funcţie de fondul de salarii realizat lunar, având în vedere condiţiile de muncă în următoarele cote conform O.M.F.P. 3055/2009 actualizat, pentru anul 2012: 31,3% pentru condiţii normale de muncă din care: 20,8% datorată de angajator şi 10,5% datorată de angajaţi; 36,3% pentru condiţii deosebite de muncă din care: 25,8% datorată de angajator şi 10,5% datorată de angajaţi; 41,3% pentru condiţii speciale de muncă din care: 30,8% datorată de angajator şi 10,5% datorată de angajaţi.

Contribuţia entităţii la fondul de asigurări sociale de sănătate (CASS): reprezintă 5,2% din fondul de salarii realizat lunar în care se includ şi indemnizaţiile pentru incapacitate de muncă suportate de angajator.

Contribuţia entităţii la fondul de şomaj (CFS): în cotă de 0,5% din fondul de salarii realizat lunar în care se includ şi indemnizaţiile pentru incapacitate de muncă suportate de angajator.

Contribuţia la Fondul de garantare al creanţelor salariale: în vederea constituirii resurselor financiare ale Fondului, angajatorii au obligaţia de a plăti lunar o contribuţie la Fondul de garantare, în cota de 0,25%, aplicată asupra fondului total de salarii brute lunare realizate de salariaţi.

Contribuţia pentru accidente de muncă şi boli profesionale: reprezintă între 0,4% şi 2% din fondul de salarii realizat lunar în funcţie de clasa de risc în care se încadrează activitatea principală a entităţii.

Contribuţia pentru concediile şi indemnizaţiile de asigurări sociale de sănătate: calculată în cotă de 0,85% din fondul de salarii realizat lunar din care se vor suporta indemnizaţiile de asigurări sociale de sănătate.

Contribuţia personalului la asigurările sociale de sănătate: se determină prin aplicarea unei cote de 5,5% asupra salariului brut lunar realizat.

Contribuţia personalului la asigurările sociale: se calculează în cotă de 10,5% din salariul brut lunar realizat în care se includ pe lângă salariul de bază sporurile reglementate prin lege sau prevăzute în contractul colectiv de muncă.

Contribuţia personalului la fondul de şomaj: reprezintă 0,5% din salariul de bază (tarifar de încadrare).

Control: conform IAS 24 „Prezentarea informaţiilor referitoare la tranzacţiile cu părţile afiliate" reprezintă deţinerea, direct sau indirect, prin filiale a mai mult de jumătate din drepturile de vot ale unei întreprinderi, sau a unei ponderi substanţiale în drepturile de vot şi în puterea de a conduce, prin lege sau prin acord între părţi, politica financiară şi de exploatare a conducerii întreprinderii.

Controlul: conform IAS 22 „Combinări de întreprinderi", reprezintă puterea de a guverna strategiile financiare şi de exploatare ale întreprinderii în aşa fel, încât să se obţină beneficii din activitatea pe care o desfăşoară.

Controlul intern al entităţii: conform O.M.F.P. 3055/2009 actualizat, vizează asigurarea: conformităţii cu legislaţia în vigoare, aplicării deciziilor luate de conducerea entităţii, bunei funcţionări a activităţii interne a entităţii, fiabilităţii informațiilor financiare, eficacității operațiunilor entității, utilizării eficiente a resurselor, prevenirii și controlul riscurilor de a nu se atinge obiectivele fixate.

Contul de profit și pierdere condensat: conform IAS 34 „Raportarea financiară interimară" este întocmit pentru perioada interimară curentă și cumulativ pentru exercițiul financiar curent până la zi, cu comparative pentru perioadele interimare comparabile ale exercițiului financiar precedent.

Contul de profit și pierderi: evidențiază într-o formă sistematizată rezultatele fiecărui exercițiu (an) sau perioade de gestiune prin prisma raportului dintre cheltuieli și venituri, oferind o imagine sintetică asupra structurii rezultatelor activității din exploatare, financiare și extraordinare.

Conturile de cheltuieli: conturi de activ și funcționează după regulile specifice acestor conturi cu excepția contului 609 "Reduceri comerciale primite" care are funcție contabilă de pasiv.

Conturile la bănci: cecuri de încasat, disponibilități în lei și devize și sume în curs de decontare. Disponibilitățile sau depozitele aflate în conturile bancare pot funcționa în mod curent sau la termen.

Convergența contabilă: presupune focalizarea întregii activități contabile în aceeași direcție, respectiv întocmirea și prezentarea situațiilor financiare anuale în cadrul unei scheme unitare, normalizate care să prezinte interes major pentru toți utilizatorii informațiilor contabile.

Costul: 1. conform IAS 16 „Imobilizări corporale", reprezintă suma plătită în numerar sau echivalente de numerar, ori valoarea justă a altor contraprestaţii efectuate pentru achiziţionarea unui activ, la data achiziţiei sau construcţiei acestuia. 2. conform IAS 38 „Imobilizări necorporale", este suma de numerar sau echivalente de numerar plătită, sau valoarea justă a oricărei contraprestaţii oferite pentru achiziţionarea unui activ la momentul dobândirii sau construirii acestuia sau, atunci când este posibil, suma atribuită acelui activ la momentul la care a fost iniţial recunoscut în conformitate cu cerinţele specifice ale altor IFRS- uri, de exemplu IFRS 2 „Plata pe bază de acţiuni".

Costul activului: suma plătită în numerar sau echivalente de numerar, ori valoarea justă a altor contraprestaţii efectuate pentru achiziţionarea unui activ, la data achiziţiei sau construcţiei acestuia la data recepţiei.

Costul amortizat al unui activ financiar sau al unei datorii financiare: conform IAS 39 „Instrumente financiare – Recunoaştere şi evaluare", reprezintă valoarea la care activul financiar sau datoria financiară este evaluat(ă) la recunoaşterea iniţială minus rambursările de principal, plus sau minus amortizarea cumulată utilizând metoda dobânzii efective pentru fiecare diferenţă dintre valoarea iniţială şi valoarea la scadenţă, şi minus orice reducere (directă sau prin utilizarea unui cont de provizion) pentru depreciere sau imposibilitatea de recuperare.

Costul de achiziţie a stocurilor: conform IAS 2 „Stocuri", cuprinde preţul de cumpărare, taxe de import şi alte taxe (cu excepţia acelora pe care întreprinderea le poate recupera de la autorităţile fiscale), costuri de transport, manipulare şi alte costuri care pot fi atribuite direct achiziţiei de produse finite, materiale şi servicii. Reducerile comerciale, rabaturile şi alte elemente similare sunt deduse pentru a determina costurile de achiziţie.

Costul de achiziţie al bunurilor: conform O.M.F.P. 3055/2009 actualizat, cuprinde preţul de cumpărare, taxele de import şi alte taxe (cu excepţia acelora pe care persoana juridică le poate recupera de la autorităţile fiscale), cheltuielile de transport, manipulare şi alte cheltuieli care pot fi atribuibile direct achiziţiei bunurilor respective; se includ, de asemenea, comisioanele, taxele notariale, cheltuielile cu obţinerea de autorizaţii şi alte cheltuieli nerecuperabile, atribuibile direct bunurilor respective.

Costul de achiziţie al unui bun: preţul de cumpărare, taxele nerambursabile, cheltuielile de transport – aprovizionare şi alte cheltuieli accesorii necesare pentru punerea în stare de utilitate a bunului achiziţionat.

Costul de producţie al unui bun: costul de achiziţie al materiilor prime şi consumabilelor, celelalte cheltuieli directe de producţie precum şi cota cheltuielilor indirecte de producţie alocate în mod raţional ca fiind legate de fabricaţia acestuia.

Costul de producţie sau de prelucrare al stocurilor, precum şi costul de producţie al imobilizărilor: cheltuielile directe aferente producţiei, şi anume: materiale directe, energie consumată în scopuri tehnologice, manoperă directă şi alte cheltuieli directe de producţie, costul proiectării produselor, precum şi cota cheltuielilor indirecte de producţie alocată în mod raţional ca fiind legată de fabricaţia acestora.

Costul schimbării nivelului de activitate: conform IAS 39 „Instrumente financiare – Recunoaştere şi evaluare", este un cost care nu ar fi fost suportat dacă entitatea nu ar fi achiziţionat, emis sau cedat instrumentul financiar.

Costul serviciilor anterioare: conform IAS 19 „Beneficiile angajaţilor", (este) reprezintă creşterea valorii actualizate a obligaţiei privind beneficiul determinat pentru serviciul angajatului în perioade anterioare, ce rezultă în perioada curentă din introducerea sau schimbarea beneficiilor post angajare, sau a altor beneficii pe termen lung ale angajaţilor. Costul serviciilor anterioare poate să fie pozitiv (dacă beneficiile sunt introduse sau îmbunătăţite) sau negativ (dacă beneficiile existente sunt reduse).

Costul serviciilor curente: conform IAS 19 „Beneficiile angajaţilor", reprezintă creşterea valorii actualizate a unei obligaţii privind beneficiul determinat, ce rezultă din serviciul angajatului în perioada curentă.

Costul standard: ia în considerare nivelurile normale ale materialelor, consumabilelor, manoperei, eficienţei şi capacităţii de producţie. Aceste niveluri trebuie revizuite periodic şi ajustate, dacă este necesar, în funcţie de condiţiile existente la un moment dat.

Costul stocurilor: trebuie să cuprindă toate costurile aferente achiziţiei şi prelucrării, precum şi alte costuri suportate pentru a aduce stocurile în formă şi în locul în care se găsesc în stare de utilizare. Este folosit pentru evaluarea stocurilor la intrare, la ieşire, la inventariere şi la închiderea exerciţiului financiar.

Costul stocurilor unui prestator de servicii: conform IAS 2 „Stocuri", constă, în primul rând, din manoperă şi din alte costuri legate de personalul direct angajat în furnizarea serviciilor, inclusiv personalul însărcinat cu supravegherea, precum şi regiile corespunzătoare.

Costul stocurilor unui prestatorilor de servicii: conform O.M.F.P. 3055/2009 actualizat, cuprinde manopera şi alte cheltuieli legate de personalul direct angajat în furnizarea serviciilor, inclusiv personalul însărcinat cu supravegherea, precum şi regiile corespunzătoare.

Costurile cedării: conform IAS 36 „Deprecierea activelor", sunt costurile suplimentare atribuibile direct cedării unui activ sau unei unităţi generatoare de numerar, excluzând costurile de finanţare şi cheltuielile cu impozitul pe profit.

Costurile de prelucrare a stocurilor: conform IAS 2 „Stocuri", includ costurile direct aferente unităţilor produse, cum ar fi costurile cu manopera directă. De asemenea, ele includ şi alocarea sistematică a regiei de producţie, fixă şi variabilă, generată de transformarea materialelor în produse finite.

Costurile de tranzacţie: conform IAS 39 „Instrumente financiare – Recunoaştere şi evaluare", sunt costuri ale schimbării nivelului de activitate care se pot atribui direct achiziţiei, emiterii sau cedării unui activ financiar sau unei datorii financiare.

Costurile directe iniţiale: conform IAS 17 „Contracte de leasing", sunt costurile suplimentare direct atribuibile negocierii contractului de leasing, cu excepţia costurilor apărute în cazul producătorilor şi dealerilor de leasing.

Costurile îndatorării: conform IAS 23 „Costurile îndatorării", cuprind dobânzile şi alte costuri suportate de o întreprindere în legătură cu împrumutul de fonduri.

Creanţe imobilizate: împrumuturi acordate terţilor în baza unor contracte pentru care entitatea percepe dobânzi potrivit legii.

Creanţele (numite şi valori în curs de decontare): valorile avansate temporar de întreprindere ale terţilor (persoane fizice sau juridice) pentru care urmează să primească un echivalent (o sumă de bani sau un serviciu).

Creanţele din interese de participare: creanţele generate de relaţiile de decontare ale întreprinderii cu întreprinderile asociate (asupra cărora se exercită o influenţă semnificativă).

Creanţele imobilizate: creanţele legate de participaţii, împrumuturi acordate pe termen lung şi alte creanţe imobilizate.

Creanţele în cadrul grupului: sunt generate de relaţiile de decontare între societatea mamă (o întreprindere care are una sau mai multe filiale) şi filialele ei (întreprinderi controlate de societatea mamă).

Creanţele legate de participaţii: creanţe ale întreprinderii create cu ocazia acordării de împrumuturi întreprinderilor la care deţine titluri de participare.

Creanţele privind capitalul subscris şi nevărsat: creanţele generate de relaţiile întreprinderii cu acţionarii săi, referitoare la subscrierile de capital social efectuate şi nedepuse.

Creanţele privind impozitul amânat: conform IAS 12 „Impozitul pe profit", reprezintă valorile impozitului pe profit, recuperabile în perioade contabile viitoare, în ceea ce priveşte: a) diferenţele temporare deductibile; b) reportarea pierderilor fiscale neutilizate; c) reportarea creditelor fiscale neutilizate.

Creanţele: contrapartida unei prestaţii, a unei livrări şi se concretizează în drepturile creditorilor de a pretinde debitorilor anumite sume de bani, bunuri, servicii sau lucrări.

Creditele: sume împrumutate de către bănci persoanelor fizice şi juridice şi care trebuie rambursate la un anumit termen numit scadenţă.

Creditul comercial cambial: credit prevăzut într-un efect comercial (bilet la ordin, cambie, etc) care prevede expres: suma de plată, scadenţa şi banca care va face decontarea.

Creditul comercial clasic: constă în amânarea la plată acordată de către furnizor clientului, când decontarea se face ulterior folosind instrumente clasice: ordin de plată, CEC etc.

Cumpărare sau vânzare standard: conform IAS 39 „Instrumente financiare – Recunoaştere şi evaluare", este o cumpărare sau o vânzare a unui activ financiar printr-un contract ale cărui condiţii impun livrarea activului în cadrul perioadei de timp stabilite în general prin reglementări sau convenţii pe piaţa în cauză.

Cursul de închidere: conform IAS 21 „Efectele variaţiei cursurilor de schimb", este cursul de schimb la vedere, la data întocmirii bilanţului.

Cursul de schimb valutar: conform IAS 21 „Efectele variaţiei cursurilor de schimb", este raportul de schimb dintre două monede.

Đ

Data achiziţiei: conform IAS 22 „Combinări de întreprinderi", este data la care controlul asupra activelor nete sau a operaţiunilor societăţii achiziţionate este transferat efectiv către dobânditor.

Data acordului pentru o combinare de întreprinderi: conform IAS 38 „Imobilizări necorporale", este data la care se ajunge la un acord de fond între părţile participante la combinare şi, în cazul entităţilor cotate, data la care respectivul acord este anunţat publicului. În cazul unei preluări ostile, cea dintâi dată la care un este obţinut un acord de fond între părţile participante la combinare este data la care un număr suficient de acţionari ai entităţii achiziţionate au acceptat oferta dobânditorului referitoare la obţinerea de către acesta a controlului asupra entităţii achiziţionate.

Data depunerii bilanţului: termenul maxim până la care bilanţul trebuie depus la administraţia finanţelor conform legilor în vigoare; dată la care bilanţul a fost depus şi înregistrat cu număr de ordine la administraţia finanţelor publice locale şi/sau la oficiul registrului comerţului.

Datorie: 1.reprezintă o obligaţie actuală a întreprinderii, ce decurge din evenimente trecute şi prin decontarea căreia se aşteaptă să rezulte o ieşire de resurse, care încorporează

51

beneficii economice. Ieşirea beneficiilor economice pentru decontarea unei datorii presupune plata în numerar, transferul altor active, prestarea de servicii sau înlocuirea respectivei datorii cu o alta. 2.din punct de vedere contabil, datoriile sunt surse de finanţare externe puse la dispoziţia unei întreprinderi, fie obligatari şi instituţii de credit (datorii financiare), fie de furnizori (în general datorii din exploatare), fie de alţi terţi (datorii fiscale sau sociale). 3.conform IAS 37 „Provizioane, datorii şi active contingente", este o obligaţie curentă a unei întreprinderi, rezultată din evenimente anterioare, a cărei stingere se aşteaptă să determine o ieşire de resurse care încorporează beneficii economice ale întreprinderii. 4.conform O.M.F.P. 3055/2009 actualizat, reprezintă o obligaţie actuală a entităţii ce decurge din evenimente trecute şi prin decontarea căreia se aşteaptă să rezulte o ieşire de resurse care încorporează beneficii economice. O datorie este recunoscută în contabilitate şi prezentată în bilanţ atunci când este probabil că o ieşire de resurse încorporând beneficii economice va rezulta din decontarea unei obligaţii prezente şi când valoarea la care se va realiza această decontare poate fi evaluată în mod credibil.

Datorie contingentă: conform O.M.F.P. 3055/2009 actualizat, este o obligaţie potenţială, apărută ca urmare a unor evenimente trecute, anterior datei bilanţului şi a cărei existenţă va fi confirmată numai de apariţia sau neapariţia unuia sau mai multor evenimente viitoare incerte, care nu pot fi în totalitate sub controlul entităţii, sau o obligaţie curentă apărută ca urmare a unor evenimente trecute, anterior datei bilanţului, dar care nu este recunoscută deoarece nu este sigur că vor fi necesare ieşiri de resurse pentru stingerea acestei datorii sau valoarea datoriei nu poate fi evaluată suficient de credibil.

Datorie financiară: conform IAS 32 „Instrumente financiare", reprezintă orice datorie contractuală: (a) de a vărsa numerar sau alt activ financiar unei alte întreprinderi; sau (b) de a schimba instrumente financiare cu altă întreprindere în condiţii care sunt potenţial nefavorabile.

Datorii ce privesc imobilizările financiare: cu ajutorul acestui cont se ţine evidenţa datoriilor entităţii faţă de entităţile afiliate, respectiv entităţile de care compania este legată prin interese de participare.

Datorii comerciale: datorii ale întreprinderii create în cadrul relaţiilor de decontare cu furnizorii pentru achiziţionări de bunuri, executări de lucrări şi prestări de servicii.

Datoriile din credite comerciale: conform O.M.F.P. 3055/2009 actualizat, constituie obligaţii de plată a bunurilor sau serviciilor ce au fost primite de la/sau expediate de furnizori şi care au fost facturate, sau a căror plată a fost convenită în mod oficial cu furnizorii.

Datoriile curente: conform IAS 1 „Prezentarea situaţiilor financiare"apar atunci când: se aşteaptă să fie decontată în cursul normal al ciclului de exploatare; este deţinută în principal în scopul comercializării; este exigibilă în termen de 12 luni de la data bilanţului; sau întreprinderea nu are un drept necondiţionat de a amâna decontarea datoriei în următoarele 12 luni de la data bilanţului.

Datoriile din interese de participare: datoriile generate din relaţiile de decontare ale întreprinderii cu societăţile asociate.

Datoriile în cadrul grupului: obligaţiile datorate societăţilor din cadrul grupului în relaţiile de decontare ale societăţii mamă cu filialele.

Datoriile pe segment: conform IAS 14 „Raportarea pe segmente", sunt acele obligaţii din exploatare care rezultă din activitatea de exploatare a unui segment şi care fie sunt direct atribuibile segmentului respectiv, fie pot fi alocate segmentului pe un temei rezonabil.

Datoriile privind impozitul amânat: conform IAS 12 „Impozitul pe profit" reprezintă valorile impozitului pe profit, plătibile în perioadele contabile viitoare, în ceea ce priveşte diferenţele temporare impozabile.

Debit: partea stângă a unui cont contabil ce reprezintă creşterile de activ, cheltuielile şi micşorările pasivelor, precum şi ale obligaţiunilor.

Debitori: persoane fizice sau juridice care datorează creditorului o anumită sumă de bani, obligat să efectueze în favoarea creditorului o prestaţie care se referă la a da, a face sau a nu face ceva.

Debitori diverşi: cu ajutorul acestui cont se ţine evidenţa debitorilor proveniţi din pagube materiale create de terţi, alte creanţe provenind din existenţa unor titluri executorii şi a altor creanţe.

Declaraţia de venit global: documentul prin care contribuabilii declară veniturile obţinute în anul fiscal de raportare în vederea calculării de către organul fiscal a venitului anual global impozabil şi a impozitului pe venitul anual global.

Declaraţie recapitulativă: document prin care se declară centralizat anumite elemente ce fac obiectul unei lucrări contabile, juridice etc.

Declaraţie vamală: document utilizat pentru declararea în detaliu a bunurilor clasificate în Tariful Vamal, cu ocazia efectuării unor operaţiuni de import sau de export şi care dovedeşte efectuarea propriu zisă a operaţiunii de import sau de export, după caz, în condiţii legale.

Deducerea personală: sumă fixă ce se deduce din venitul net pentru a afla venitul bază de calcul.

Deficit: suma cu care cheltuielile/plăţile depăşesc veniturile/încasările.

Delegaţie: document justificativ prin care o persoană este desemnat să reprezinte societatea sau să acţioneze în numele acesteia.

Delimitarea: dintre leasingul financiar şi operaţional: se face în funcţie de măsura în care riscurile şi avantajele drepturilor de proprietate asupra bunului aparţin locatorului sau locatarului.

Demisia: actul unilateral de voinţă a salariatului care, printr-o notificare scrisă, comunică angajatorului încetarea contractului individual de muncă, după împlinirea unui termen de preaviz.

55

Deponent: persoana care încredinţează unei alte persoane un lucru în temeiul unui contract de depozit.

Derecunoaşterea: conform IAS 39 „Instrumente financiare – Recunoaştere şi evaluare", este mutarea unui activ financiar sau a unei datorii financiare recunoscut(e) anterior din situaţia poziţiei financiare a entităţii.

Dezvoltarea: activitatea ce presupune aplicarea rezultatelor cercetării sau a altor cunoştinţe noi într un proiect ce vizează producţia de materiale, aparate, produse, procese, sisteme sau servicii noi sau îmbunătăţite substanţial înaintea stabilirii producţiei de serie sau utilizării.

Diferenţa: când suma de rambursat este mai mare decât suma primită ca împrumut, se înregistrează ca o corecţie a datoriei (într–un cont de activ) şi se prezintă în notele explicative. Aceasta trebuie amortizată printr-o sumă rezonabilă în fiecare exerciţiu financiar astfel încât să se amortizeze complet, dar nu mai târziu de data de rambursare a datoriei.

Diferenţa de curs valutar: conform IAS 21 „Efectele variaţiei cursurilor de schimb", este diferenţa ce rezultă din raportarea aceluiaşi număr de unităţi ale unei valute în moneda de raportare la cursuri de schimb diferite.

Diferenţe de curs valutar: între data înregistrării datoriilor sau creanţelor în devize şi data plăţii/încasării lor: se înregistrează ca şi venituri sau cheltuieli financiare, după cum diferenţele sunt favorabile sau nefavorabile. Acestea pot fi sau nu deductibile fiscal.

Diferenţe de preţ la mărfuri: ţine evidenţa adaosului comercial aferent mărfurilor din unităţile comerciale.

Diferenţe temporare deductibile: conform IAS 12 „Impozitul pe profit", sunt acele diferenţe temporare ce vor avea ca rezultat valori ce sunt deductibile pentru determinarea profitului impozabil (sau a pierderii fiscale) al perioadelor viitoare, atunci când valoarea contabilă a activului sau a datoriei este recuperată sau decontată.

Diferenţe temporare impozabile: conform IAS 12 „Impozitul pe profit", reprezintă diferenţe temporare ce vor avea ca rezultat valori impozabile în determinarea profitului impozabil (sau a pierderii fiscale) al (a) perioadelor viitoare, atunci când valoarea contabilă a activului sau a datoriei este recuperată sau decontată.

Diferenţele temporare: conform IAS 12 „Impozitul pe profit", sunt diferenţele dintre valoarea contabilă şi a unui activ sau a unei datorii din bilanţ şi baza fiscală a acestora.

Diluarea: conform IAS 33 „Rezultatul pe acţiune", este o reducere a câştigurilor pe acţiune sau o creştere a pierderii pe acţiuni rezultând din estimarea faptului că instrumentele convertibile sunt convertite, că opţiunile sau waranturile sunt exercitate, sau că acţiunile ordinare sunt emise în cazul satisfacerii unor anumite condiţii.

Diurna: indemnizaţie plătită unei persoane pentru acoperirea cheltuielilor de deplasare în altă localitate în interes de serviciu.

Dividend: remunerația capitalurilor puse la dispoziția societăților comerciale de către acționari sau asociați.

Dobânda: prețul pe care oamenii îl plătesc pentru a obține resursele acum în loc să aștepte până vor câștiga banii cu care să cumpere resursele; o primă plătită pentru a intra în stăpânirea curentă a resurselor".

Dobânda (unei obligațiuni): reprezintă venitul obligațiunii.

Document jutificativ: document primar care probează legal o operațiune.

Document: un act scris întocmit în momentul efectuării unei operații economico– financiare pentru a se dovedi efectuarea operației.

Donație: contract prin care o persoană, numită donator, transferă irevocabil dreptul său de proprietate asupra unuia sau mai multor bunuri determinate, unei alte persoane, numită donatar, care le acceptă.

Drept de autor: totalitatea drepturilor nepatrimoniale și patrimoniale recunoscute unei persoane ca urmare a elaborării de către aceasta și a valorificării prin răspândirea în public a unei opere de creație intelectuală, literară, artistică sau științifică. În țara noastră dreptul de autor este apărat printr-un complex de prevederi legale referitoare la condițiile încheierii contractelor privind editarea și valorificarea operelor, stabilirea remunerației autorilor, modul și limitele în care aceasta poate fi urmărită, răspunderea penală în cazul însușirii de către o altă persoană a operei, plagiat.

Dreptul de creanţă: drepturi patrimoniale în virtutea cărora subiectul activ, poate pretinde o anumită conduită subiectului pasiv, să dea, să facă sau să nu facă ceva, îndreptăţindu–l pe titular la forţa de constrângere în cazul opunerii.

Drepturi salariale: totalitatea drepturilor băneşti ce se cuvin ca urmare a muncii prestate într-o anumită perioadă (salariu realizat, sporuri, indemnizaţii, prime, concedii de odihnă, concedii medicale etc).

Drepturilor preferenţiale de subscriere (DS-uri): titlurile de valoare negociabile care se stabilesc că diferenţă între valoarea matematic–contabilă a unei acţiuni din categoria celor vechi (Vmc_v) şi aceeaşi valoare a titlurilor după emisie (Vmc_e).

Durata contractului de leasing: conform IAS 17 „Contracte de leasing", reprezintă perioada de timp irevocabilă pentru care locatarul a contractat bunul în leasing şi orice alte termene suplimentare pentru care locatarul are opţiunea de a continua utilizarea bunului în regim de leasing, cu sau fără plată suplimentară, opţiune a cărei exercitare de către locatar este certă, într-o măsură rezonabilă, la începutul contractului de leasing.

Durata de utilizare economică: conform O.M.F.P. 3055/2009 actualizat, se înţelege durata de viaţă utilă, aceasta reprezentând: a) perioada în care un activ este prevăzut a fi disponibil pentru utilizare de către o entitate; sau b) numărul unităţilor produse sau al unor unităţi similare ce se estimează că vor fi obţinute de entitate prin folosirea activului respectiv.

Durata de viaţa economică: conform IAS 17 „Contracte de leasing" este fie: (a) perioada de-a lungul căreia se estimează că un bun este utilizabil economic de către unul sau mai mulţi utilizatori; fie (b) numărul unităţilor de producţie sau al unităţilor similare care se estimează a se obţine prin utilizarea bunului de către unul sau mai mulţi utilizatori.

Durata de viaţă utilă: reprezintă perioada pe parcursul căreia se estimează că entitatea va utiliza activul sau numărul unităţilor produse sau a unor unităţi similare ce se estimează că vor fi obţinute de întreprindere prin folosirea activului respectiv.

Durata de viaţă utilă: conform IAS 16 „Imobilizări corporale" este: a) perioadă în care un activ este prevăzut a fi disponibil pentru utilizare de către o entitate sau b) numărul de unităţi de producţie similare preconizate să se obţină din activ de către o entitate.

E

Echilibru economic: starea spre care tinde piaţa bunurilor şi serviciilor, piaţa monetară, a capitalului şi a muncii, precum şi piaţa naţională în totalitatea sa, atunci când cererea este egală cu oferta sau diferenţa dintre ele nu depăşeşte limitele acceptabile.

Echivalente de numerar: 1. investiţii financiare pe termen scurt foarte lichide, care sunt uşor convertibile în sume cunoscute de numerar şi care sunt supuse unui risc nesemnificativ de schimbare a valorii. Pe termen scurt, investiţii financiare de mare valoare convertibile in numerar şi care prezintă un risc minim la schimb (acţiuni, bonuri de tezaur) conform IPSAS). 2. conform IAS 7 „Situaţia fluxurilor de numerar", sunt investiţiile financiare pe termen scurt şi extrem de lichide care sunt uşor convertibile în sume cunoscute de numerar. Investiţiile vor fi clasificate, în mod normal, în echivalente de numerar doar atunci când ele au o perioadă scurtă de scadenţa, de regulă trei luni sau chiar mai puţin de la data achiziţiei. Prin urmare, investiţiile de capital vor fi excluse din această categorie. 3. conform O.M.F.P. 3055/2009 actualizat, reprezintă investiţiile financiare pe termen scurt, extrem de lichide, care sunt uşor convertibile în numerar şi sunt supuse unui risc nesemnificativ de schimbare a valorii.

Efecte de comerţ: titluri de valoare care dau posesorilor legitimi dreptul la plata unei sume de bani. Sunt titluri negociabile sub formă de cambie, bilet la ordin etc., care atestă existența unei creanțe în cadrul relațiilor comerciale ce va fi încasată pe termen scurt, de obicei până la 90 de zile. Reprezintă titlurile de valoare care atestă obligația de plată a întreprinderii în cadrul relațiilor de decontare cu furnizorii.

Efectele de plătit: titlurile de valoare care atestă obligația de plată a întreprinderii în cadrul relațiilor de decontare cu furnizorii.

Efectele de primit: titlurile negociabile sub formă de cambie, bilet la ordin etc., care atestă existența unei creanțe în cadrul relațiilor comerciale ce va fi încasată pe termen scurt, de obicei până la 90 de zile.

Eficacitatea acoperirii împotriva riscurilor: conform IAS 39 „Instrumente financiare – Recunoaștere și evaluare", este gradul în care modificările valorii juste sau fluxurile de trezorerie ale elementului acoperit împotriva riscurilor care se pot atribui unui risc acoperit sunt compensate prin modificările valorii juste sau ale fluxurilor de trezorerie ale instrumentului de acoperire împotriva riscurilor.

Eficiența: faptul de a fi eficient.

Element acoperit împotriva riscurilor: conform IAS 39 „Instrumente financiare – Recunoaștere și evaluare" este un activ, o datorie, un angajament ferm, o tranzacție prognozată foarte probabilă sau o investiție netă într-o operațiune din străinătate care (a) expune entitatea la riscul modificărilor valorii juste sau ale fluxurilor de trezorerie viitoare și (b) este clasificată drept acoperită împotriva riscurilor.

Elemente monetare: disponibilitățile bănești și activele/datoriile de primit/de plătit în sume fixe sau determinabile. Caracteristica esențială a unui element monetar este dreptul de a primi sau obligația de a plăti un număr fix sau determinabil de unități monetare.

Elemente monetare: conform IAS 21 „Efectele variației cursurilor de schimb", sunt disponibilitățile bănești, precum și activele, și datoriile de primit sau de plătit în sume fixe, sau determinabile de bani.

Elemente nemonetare: toate elementele din bilanț, altele decât numerarul, drepturile în numerar și obligațiile în numerar. Așadar, ele includ titluri de capitaluri proprii, stocuri, cheltuieli efectuate în avans, imobilizări corporale și conturi asociate, fondul comercial și imobilizările necorporale.

Elementele extraordinare: reprezintă veniturile sau cheltuielile rezultate din evenimente sau tranzacții ce sunt clar diferite de activitățile curente ale întreprinderii și care, prin urmare, nu se așteaptă să se repete într-un mod frecvent sau regulat.

Elementele extraordinare: conform O.M.F.P. 3055/2009 actualizat, sunt veniturile sau cheltuielile rezultate din evenimente sau tranzacții ce sunt clar diferite de activitățile curente ale entității și care, prin urmare, nu se așteaptă să se repete într– un mod frecvent sau regulat.

Emisiune: punere în circulație de către stat sau de către o instituție, o societate autorizată etc., a hârtiilor de valoare, a bancnotelor, a acțiunilor.

Emisiuni de obligaţiuni: este o practică dinamică de finanţare a unor proiecte de investiţii ale unei societăţi comerciale, prin intermediul pieţei de capital. Emiterea de acţiuni/obligaţiuni se realizează printr-o ofertă publică de vânzare. Această ofertă se poate realiza doar prin intermediul unei Societăţi de Servicii de Investiţii Financiare.

Entitate: 1. conţinut de sine stătător, existenţă determinată (ca întindere, importanţă, valoare etc.). 2. (publică) autoritatea publică, instituţia publică, regia autonomă, compania/societatea naţională, societatea comercială la care statul sau o unitate administrativ–teritorială este acţionar majoritar şi care are personalitate juridică.

Entitate externă: conform IAS 21 „Efectele variaţiei cursurilor de schimb", reprezintă o operaţiune desfăşurată în străinătate, ale cărei activităţi nu fac parte integrantă din cele ale întreprinderii raportoare.

Entităţi afiliate: ansamblu de societăţi comerciale, constituit, de regulă, dintr-o societate mamă (dominantă), care exercită direct sau indirect controlul sau influenţa asupra celorlalte societăţi din grup numite filiale. Fiecare membru al grupului îşi păstrează autonomia şi personalitatea economică şi juridică, ele îşi acordă reciproc ajutoare materiale şi financiare cu titlu rambursabil.

Erorile din perioadele anterioare: omisiuni şi declaraţii eronate cuprinse în situaţiile financiare ale entităţii pentru una sau mai multe perioade anterioare, rezultând din neutilizarea sau utilizarea greşită a informaţiilor fiabile care: (a) erau disponibile la momentul în care s-a autorizat publicarea situaţiilor financiare pentru acele perioade; şi (b) ar fi putut fi obţinute şi luate în considerare, în mod rezonabil, la întocmirea şi prezentarea acelor situaţii financiare. Astfel de erori includ efecte ale erorilor matematice, greşeli în aplicarea politicilor contabile, neglijarea sau interpretarea greşită a faptelor şi fraude.

Erorile perioadei anterioare: conform IAS 8 „Politici contabile, modificări în estimări contabile, erori", reprezintă omisiuni şi declaraţii eronate cuprinse în situaţiile financiare ale entităţii pentru una sau mai multe perioade anterioare. Acestea cuprind: greşeli matematice, greşeli în aplicarea politicilor contabile, omisiuni sau interpretarea greşită a faptelor şi nu în ultimul rând, fraude.

Evaluare: procesul prin care sunt recunoscute în situaţiile financiare valorile corespunzătoare ale creanţelor şi datoriilor unei entităţi.

Eveniment angajat: conform IAS 37 „Provizioane, datorii şi active contingente", este evenimentul care generează o obligaţie legală sau implicită, astfel încât întreprinderea trebuie să onoreze obligaţia respectivă.

Evenimentele ulterioare datei bilanţului: conform IAS 10 „Evenimente ulterioare datei bilanţului", sunt acele evenimente, favorabile sau nefavorabile, care au loc între data bilanţului şi data la care situaţiile financiare sunt autorizate pentru emitere.

Evidenţa contabilă: înregistrarea sistematică a informaţiilor privind situaţia patrimonială şi a rezultatelor obţinute de către un agent economico–social, atât pentru necesităţile acestuia, cât şi pentru relaţiile cu asociaţii sau acţionarii, clienţii, furnizorii, băncile, organele fiscale şi alte persoane juridice sau fizice.

Se întocmește în 2 exemplare de către gestionar, pentru fiecare gestiune în parte. După reportarea soldului din ziua precedentă, în coloanele de "mărfuri" și "ambalaje" se înscriu în ordinea întocmirii lor documentele de intrări din ziua respectivă. La sfârșitul zilei se stabilește totalul intrărilor plus soldul, după care se înscriu datele privind vânzările și alte ieșiri de mărfuri și se totalizează. Se determină, apoi, soldul scriptic de mărfuri și ambalaje la sfârșitul zilei. În raportul de gestiune se înscriu atât cumpărările și vânzările de mărfuri la prețul de vânzare cu amănuntul, cât și alte intrări sau ieșiri de mărfuri și ambalaje, care au ca efect modificarea în plus sau în minus a soldului de mărfuri sau ambalaje, cum ar fi: modificările de preț, transferul între gestiuni, distrugerea mărfurilor degradate. Documentele pe baza cărora se întocmește raportul de gestiune pot fi: NIR, monetar, inventar de schimbare de preț, proces verbal de scădere din gestiune, etc. Exemplarul 2 al raportului de gestiune rămâne în carnet, iar exemplarul 1 se trimite la compartimentul financiar contabil, unde se verifică și se confruntă cu datele din evidența analitică. Eventualele erori se comunică gestionarului pentru a le rectifica și a pune de acord soldul scriptic din evidența operativă cu cel din, evidența contabilă.

Evidența tehnic operativă: este operația ce înregistrează, urmărește și controlează acele aspecte ale activității a căror cunoaștere prezintă o importanță imediată. Pentru că reflectă procese și operații cu caracter tehnic, utilizând și mijloace tehnice de măsurare și înregistrare automată a datelor, mai este denumită și evidență tehnic operativă. Se organizează și se realizează pentru: consumul de materiale, prezența la lucru a salariaților, folosirea timpului de lucru, urmărirea contractelor încheiate cu furnizorii și beneficiarii, circulația numerarului etc.

Excedent: plusul de valoare aferent veniturilor în raport cu cheltuielile.

Excedent bugetar: surplusul veniturilor peste cheltuielile bugetului public. Creşterea excedentului bugetar şi preponderenţa lui pe termen lung favorizează nerecurgerea la împrumuturi sau diminuarea datoriei publice (deşi unele resurse financiare sunt neutilizate sau incomplet utilizate).

Exerciţiu financiar: perioada cuprinsă între 01.01 şi 31.12 a unui an caledaristic cu excepţia primului an de activitate, când acesta începe la data înfiinţării potrivit legii, la registrul comerţului.

Exigibil (despre obligaţii băneşti) : a cărei executare poate fi cerută de îndată de către creditor.

Exploatare: acţiunea de a exploata şi rezultatul acesteia.

Export: operaţiune comercială de vânzare a unor bunuri materiale şi/sau servicii către persoane fizice sau juridice dintr-o altă ţară în schimbul unei sume dintr-o valută convenită.

Extrabilanţier: cont în afara bilanţului.

Extras de cont: document întocmit de bancă ce oferă clientului detalii privind plăţile efectuate (valoarea sumelor virate, beneficiarii plăţilor, documente în baza cărora s-a efectuat plata), sumele intrate în cont (provenienţă, documentele justificative) şi soldul la zi. Toate operaţiunile efectuate prin conturile curente la bănci sunt înscrise în extrasul de cont, emis de fiecare bancă, pentru fiecare cont în parte; el poate fi emis zilnic sau periodic (lunar, decadal sau săptămânal). Formular contabil fără regim special. Format A5, tipărit pe ambele feţe, în blocuri a 100 de file. Serveşte la comunicarea şi solicitarea de la debitor a sumelor pretinse, rămase neachitate, provenite din relaţii economico financiare şi ca instrument de conciliere prearbitrală. Se întocmeşte în trei exemplare, de compartimentul financiar contabil al unităţii beneficiare, pe baza datelor din contabilitatea analitică. Circulă: la conducătorul compartimentului financiar contabil şi conducătorul unităţii emitente, pentru semnare (toate exemplarele); la unitatea debitoare (exemplarele 1 şi 2), care restituie unităţii emitente exemplarul 2 semnat pe verso de conducătorul unităţii şi conducătorul compartimentului financiar contabil, pentru confirmarea debitului, în vederea decontării prin poştă sau prin bancă, atunci când se depune ordinul de plată. Eventualele obiecţii asupra sumelor prevăzute în extrasul de cont se consemnează într-o notă explicativa semnată de conducătorul unităţii şi conducătorul compartimentului financiar contabil, care se anexează la exemplarul 2 al extrasului de cont. Se arhivează: la compartimentul financiar contabil al unităţii emitente (exemplarul 3), precum şi exemplarul 2, când unitatea debitoare achită suma cu ordin de plată sau mandat poştal; la compartimentul financiar contabil al unităţii debitoare (exemplarul 1). Vezi şi Normele Metodologice 0/12 din 3 martie 1998 la Ordinul nr. 425 din 3 martie 1998 pentru aprobarea Normelor metodologice de întocmire şi utilizare a formularelor tipizate, comune pe economie, care nu au regim special, privind activitatea financiară şi contabilă, precum şi a modelelor acestora.

F

Fabrică: unitate productivă din cadrul industriei prelucrătoare, îndeosebi din industria textilă, alimentară, a materialelor de construcții etc. Se caracterizează printr-un sistem tehnico productiv unitar de transformare a materiilor prime în produse de serie sau de masă. În unele situații, se identifică cu întreprinderea însăși și funcționează ca atare. În alte cazuri fabrica este o subunitate a întreprinderii, având caracteristicile tehnice și funcționale ale unei secții de producție.

Facilitate bancară: autorizare dată de bancă unui client de a preleva (ridica) pentru câteva zile o sumă de bani superioară celei din cont sau superioară limitei de creditare.

Factori de producție: elementele de intrare în procesul de producție, în activitățile economice în general, reprezentând condițiile necesare și suficiente pentru desfășurarea acestui proces din care rezultă bunuri economice. Factorii de producție se concretizează în resurse și disponibilități aduse în stare activă prin atragerea lor în circuitul economic, alocarea și consumarea lor, corespunzător unor destinații prestabilite de către agenții economici producători. Tipologia factorilor de producție include atât factori tradiționali, respectiv muncă, natura și capitalul, cât și factori mai noi (neofactori de producție): abilitatea întreprinzătorului, tehnologia, informația, managementul.

Factura: 1. document care certifică o vânzare/cumpărare de mărfuri sau prestarea unui serviciu. Act justificativ întocmit de către compartimentul comercial al agentului economic în care se consemnează cu exactitate cantitatea, calitatea și felul mărfurilor, prețul unitar, valoarea totală etc., și care stă la baza operațiunilor de vânzare cumpărare sau servește ca document de informare fiscală, vamală etc. Document emis de vânzător cumpărătorului, prin care se face dovada proprietății bunului cumpărat și a prețului plătit. 2. document contabil emis de o companie (furnizorul), către o altă companie sau persoană (clientul), document ce conține lista cu produsele vândute sau serviciile prestate clientului de către furnizor. O factură mai conține datele de identificare fiscală a clientului (emitentul), datele furnizorului (persoană fizică sau juridică), cota de TVA, precum și prețul, cantitatea și valoarea fiecărui produs vândut.

Factura comercială: document prin care proprietatea unei cantități de marfă trece de la vânzător la cumpărător. Factura comercială conține următoarele elemente esențiale: dată; numele și adresa vânzătorului; numele și adresa cumpărătorului; numărul comenzii sau al contractului; cantitatea și disocierea mărfurilor; prețurile unitare, prețurile globale; cheltuieli autorizate care nu sunt cuprinse în prețul unitar; greutatea mărfurilor; numărul coletelor; numerele și marcajele de expediere; condițiile de livrare; condițiile și modalitățile de plată; modalitățile de expediere.

Factura consulară: factura vizată de consulul țării importatorului ce are ca scop să confirme că marfa importată este originară din țară exportatorului. Deși acest document ar trebui să înlocuiască certificatul de origine, în multe țări este cerut suplimentar (Asia, America latină).

Factura de reducere: apare destul de rar în cazul remizelor; mai puţin rar în cazul sconturilor generate de plată anticipată; destul de frecvent pentru rabaturi; frecvent ca urmare a reclamaţiilor clienţilor; foarte frecvent pentru risturnuri, datorită naturii acestora. Uneori, în locul emiterii unei facturi de reducere, furnizorul prefera menţionarea reducerii într-o factură ordinară ulterioară. În acest caz, reducerile sau returnările menţionate în factura de vânzare ulterioară trebuie contabilizate ca şi când ar fi înscrise într-o factură distinctă de reducere. Reducerea de preţ este un corespondent al bonificaţiei.

Factura fiscală: document cu regim special care atestă transferul proprietăţii unui bun către o persoană juridică.

Factura în roşu: factura ce se întocmeşte în cazul reducerii valorii comerciale a mărfurilor sau a returnării lor.

Factura preliminară: factura întocmită în anumite momente de către vânzător în scopul obţinerii unei plăţi parţiale. Se întocmeşte pentru livrările parţiale de mărfuri sau pentru livrările cu preţ orientativ, dacă preţul urmează să fie stabilit pe baza unui calcul final. Se mai întocmeşte şi atunci când cantitatea sau calitatea mărfii urmează să fie confirmată la descărcare, la locul de destinaţie. După factura preliminară se întocmeşte factura definitivă, care se contabilizează.

Factura proformă: document emis de vânzător prin care se specifică produsele ce se vor vinde şi preţul acestora. Acest document nu este unul de plată. Nu conţine marcaje de expediere şi trebuie să menţioneze clar denumirea de proformă. Factura Proformă mai poate fi descrisă şi ca o invitaţie la cumpărare trimisă unui potenţial cumpărător.

Factura vamală: factura utilizată, de regulă, în relația dintre țările beneficiare de preferințe vamale și țările care acordă aceste preferințe, în scopul aplicării tarifelor preferențiale.

Facturările în curs: conform IAS 11 „Contracte de construcții", reprezintă de fapt sumele facturate de antreprenor pentru munca prestată în cadrul unui contract, indiferent dacă au fost sau nu încasate de la client.

Faliment: 1. situație economică dificilă a unui debitor, aflat în imposibilitate de a-și onora datoriile comerciale (față de creditori); stare de insolvabilitate a debitorului constatată de către tribunal pe baza declarației falitului sau la cererea unuia sau mai multor creditori. 2. este, potrivit definiției doctrinei, o procedură de executare silită, aplicabilă comercianților care se găsesc în încetare de plată pentru datoriile comerciale, cu scopul de a lichida avutul acestora, pentru satisfacerea în mod egalitar, a drepturilor tuturor creditorilor lor. Procedura falimentului este unitară (este unică și simultană pentru toate creanțele care grevează patrimoniul comerciantului aflat în incapacitate de plată), colectivă (pentru că reprezintă o apărare comună a intereselor și drepturilor tuturor creditorilor acestui comerciant) și egalitară (realizează stingerea tuturor creanțelor într-o proporție directă cu ponderea pe care fiecare creanță o deține în pasivul patrimoniului falitului).

Fezabilitate: analiza complexă, premergătoare deciziei de investiții, având drept scop stabilirea oportunității și eficienței dezvoltării unei subramuri sau realizării unor obiective de investiții. Studiile de fezabilitate sunt, de obicei, asociate cercetărilor de marketing și conjunctura economică, prognozelor de dezvoltare pe termen lung a zonelor teritoriale, prognozelor la nivelul ramurilor de producţie materiale şi al economiei naţionale. Elaborarea şi folosirea studiilor de fezabilitate sunt obligatorii la întocmirea ofertelor pentru realizarea de obiective de investiţii în străinătate, precum şi la elaborarea propunerilor de colaborare cu alte ţări în cadrul unor societăţi mixte. Principalul scop al folosirii studiilor de fezabilitate îl constituie obţinerea de informaţii asupra mărimii efortului de investiţii, a rezultatelor economice probabile, precum şi asupra principalelor probleme în legătură cu realizarea obiectivelor de investiţii: achiziţionarea de licenţe, credite externe şi condiţii de rambursare, obţinerea de materii prime din import, posibilităţi de export al producţiei şi eficienţa acestuia, eficienţa fondurilor investite.

Fidelitate: vizează caracteristica intrinsecă a informaţiei contabile, conformitatea sau neconformitatea cu realitatea, conformitatea sau neconformitatea cu ceea ce este normă, regulă şi reglementare contabilă.

FIFO (first in, first out): presupune evaluarea stocurilor la ieşirea din gestiune la preţul de achiziţie sau de producţie a primului lot intrat. După terminarea acestuia se va lua în considerare preţul următorului lot intrat în ordine cronologică.

Filială: 1. conform IAS 22 „Combinări de întreprinderi", este o întreprindere controlată de către altă întreprindere, cunoscută sub numele de societate mamă. 2. conform art. 42 din Legea 31/1990, este o societate comercială cu personalitate juridică, constituită de societatea primară (societatea mamă), care deţine majoritatea capitalului său. 3. este o societate comercială de sine stătătoare, care

73

funcţionează independent, autonom şi pe timp nelimitat, într-un sediu propriu, dotată cu personalitate juridică şi constituită de societatea primară (societatea mamă) care deţine majoritatea capitalului.

Financiar: care ţine de organizarea finanţelor, privitor la finanţe, la circulaţia banilor, a creditului etc.

Finanţator: cel care finanţează o persoană, o instituţie, o întreprindere etc.

Firmă: 1. este definită ca fiind numele sau, după caz, denumirea folosită de comerciant în realizarea operaţiunilor ce fac obiectul comerţului. 2. un practician individual, partener, sau o corporaţie, ori o altă entitate formată din contabili profesionişti.

Fişa de cont: document contabil unde se înregistrează în ordine cronologică toate operaţiile economice după documentele de evidenţă şi după articolele contabile.

Fişa mijlocului fix: formular tipizat fără regim special. Format A5, tipărit pe ambele feţe, în foi volante, pe carton. Serveşte ca document pentru evidenţa analitică a mijloacelor fixe. Se întocmeşte într–un exemplar, de compartimentul financiar contabil, pentru fiecare mijloc fix sau pentru mai multe mijloace fixe de acelaşi fel şi de aceeaşi valoare care, în cazul unităţilor, au aceleaşi cote de amortizare şi sunt puse în funcţiune în aceeaşi lună.

Fiscalitate: termenul de fiscalitate este definit de La Rousse ca un sistem de percepere a impozitelor, ansamblul de legi care se referă la acesta şi mijloacele care conduc la el.

Flexibilitate financiară: în contabilitate, reprezintă capacitatea unei întreprinderi de a lua măsurile necesare, în vederea modificării valorilor şi calendarului mişcărilor de trezorerie, astfel încât să se poată face faţă nevoilor şi situaţiilor neprevăzute.

Fluctuaţie economică: ansamblul mişcărilor de creştere şi descreştere a activităţii economice, măsurate prin variaţia câtorva indicatori: preţ, producţie, grad de ocupare a forţei de muncă, venit naţional etc.

Flux de numerar denumit şi cash flow: piesa de rezistenţă a întregului plan de afaceri. Acesta va arăta surplusul sau din contră deficitul de numerar ce va caracteriza afacerea în perioada previzionată. El demonstrează capacitatea companiei de a face faţă costului finanţării.

Flux de trezorerie: ansamblul de operaţiuni efectuate de unitate care generează încasări şi plăti ce dau naştere la iregularităţi între intrări şi ieşiri de numerar. Soldul fluxurilor de trezorerie generate de activitatea de exploatare reprezintă cheia de bolţ.

Flux tehnologic: succesiune a operaţiilor tehnologice prin care trec materiile prime, materialele, semifabricatele, subansamblele etc. în procesul de fabricaţie a unui produs sau de execuţie a unei lucrări.

Fluxurile de numerar: conform IAS 7 „Situaţia fluxurilor de numerar", sunt reprezentate de ieşirile şi de intrările de numerar sau de echivalent de numerar ale entităţii.

Foaie de vărsământ: formular tipizat cu regim special, cu ajutorul căruia se depun sume în contul disponibil la bancă.

Folosinţă: facultatea proprietarului de a întrebuinţa bunul său, culegând sau percepând în proprietate toate fructele pe care acesta le produce.

Fond comercial: 1. este un tip de imobilizare necorporală. Fond destinat achiziţionării unor active fixe corporabile (magazine, depozite en gros etc.) ce pot conduce la un potenţial economic deosebit datorită poziţiei lor strategice în ceea ce priveşte vadul comercial, reţelele comerciale, debuşeul, dotările şi personalul calificat de care dispun etc. 2. este recunoscut ca activ necorporal atunci când rezultă din achiziţia unei alte întreprinderi al cărei cost de achiziţie este superior valorii de piaţă a activelor nete dobândite (activele dobândite mai puţin datoriile preluate). Cauza existenţei fondului comercial o constituie existenţa unor elemente necorporale generate de întreprindere care nu sunt recunoscute distinct în contabilitate (de exemplu: reputaţia, clientela, vadul comercial, firma etc.)

Fond de comerţ: 1. un bun unitar caracterizat prin reunirea elementelor necorporale şi a unor elemente corporale ce aparţin unui comerciant, permiţându-i acestuia să şi dezvolte clientelă. Este constituit în general din elemente mobiliare, incorporale şi corporale; 2. ansamblul bunurilor mobile şi imobile, corporale şi necorporale (mărci, firme, embleme, brevete de invenţii, vad comercial), utilizate de un comerciant în vederea desfăşurării activităţii sale.

Fond de dezvoltare: fond constituit din resurse proprii (amortismente, vânzări de mijloace fixe etc.) şi destinat cheltuielilor de investiţii necesare dezvoltării şi modernizării unităţii.

Fond de rezervă: fond constituit în baza unor prevederi legale din profitul obţinut de către agenţii economici în scopul capitalizării unei părţi din acest profit. Este destinat să acopere pierderile înregistrate de către societate, pentru atribuirea de acţiuni în mod gratuit, pentru investiţii, pentru acordarea de dividende, pentru acoperirea deprecierii valorice a acţiunilor şi a obligaţiunilor răscumpărate etc.

Fond de rulment: volumul activelor circulante ale întreprinderii din care s–au scăzut pasivele curente ale acesteia. Volumul total al activelor circulante sau curente reprezintă capitalul de lucru brut al întreprinderii. Dacă din aceastea se scad datoriile pe termen scurt (pasivele curente) rezultă capitalul de lucru net (fondul de rulment). Ambii indicatori au un rol important în determinarea gradului de lichiditate al întreprinderii care reflectă capacitatea acesteia de a-şi achita datoriile curente de plată.

Fond de rulment (FR): expresia realizării echilibrului financiar pe termen lung şi a contribuţiei acestuia la finanţarea activelor curente, nete de datoriile curente (ACRnete). Fondul de rulment mai este denumit şi capitalul de lucru net (Net Working Capital = NWC), acesta reprezentând sursă permanentă de finanţare a întreprinderii. Pe baza bilanţului, fondul de rulment se poate determina în două moduri: a) diferenţa dintre capitalul permanent şi activele imobilizate nete; b) diferenţa dintre activele circulante şi datoriile pe termen scurt. Din punct de vedere al gestiunii financiare, fondul de rulment defineşte, pe de o parte, marja de securitate sau de siguranţă privind finanţarea activelor circulante, iar pe de altă parte, cota de autonomie financiară. Fondul de rulment exprimă aşadar partea de capital al cărui grad de exigibilitate este redus ce serveşte la finanțarea elementelor de activ al căror grad de lichiditate este destul de ridicat.

Fondatorii: semnatarii actului constitutiv precum și persoanele care au un rol determinant la constituirea societății; nu pot fi fondatori incapabili și persoanele care au fost condamnate pentru gestiune frauduloasă, abuz de încredere fals, uz de fals, înșelăciune, delapidare, mărturie mincinoasă, dare sau luare de mită și pentru infracțiunile prevăzute de Legea nr. 31/1990, republicată pentru constituirea valabilă, fondatorii trebuie să depună la Biroul Unic declarația, pe proprie răspundere, că îndeplinesc condițiile legale.

Fondurile *în contabilitate, ca parte a capitalurilor proprii din cadrul pasivului bilanțier:* sunt constituite prin modalități precis explicitate și pentru un scop precizat. Una din principalele surse de constituire este profitul.

Forfetarea: conform O.M.F.P. 3055/2009 actualizat, reprezintă cumpărarea, fără recurs asupra oricărui deținător anterior, a unor creanțe scadente la termen, ca rezultat al livrării de bunuri sau prestărilor de servicii, contra unei taxe forfetare.

Forma de contabilitate Jurnal Cartea Mare: se bazează pe principiul înregistrării unilaterale a operațiilor economice adică numai în creditul conturilor pentru care se deschid jurnale, în corespondență cu conturile corespondente debitoare, după schema șah, îmbinându-se evidența cronologică cu evidența sistematică, în cadrul fiecărui jurnal. Documentele reprezentative ale acestei forme de contabilitate sunt jurnalele deschise pentru creditul fiecărui cont, astfel construite încât creditul fiecărui cont utilizat se află într-un singur jurnal de unde se reportează lunar, într-o singură poziție, în registrul cartea mare. Debitul fiecărui cont utilizat se regăsește în jurnalele diferitelor conturi creditoare cu care are corespondență, din care se preiau în coloane distincte din registrul cartea mare astfel încât prin însumarea acestora se formează pentru fiecare cont utilizat, rulajul debitor. Astfel în registrul cartea mare comparând rulajele debitoare cu cele creditoare și ținând seama și de eventualele solduri precedente se pot stabili lunar soldurile finale, a tuturor conturilor contabile sintetice utilizate.

Forma de contabilitate pe jurnale: presupune înregistrarea succesivă a informațiilor financiar contabile, mai întâi cronologic în registrul jurnal și apoi sistematic în registrul cartea mare , fără ca rulajele să fie dezvoltate pe conturi corespondente . În acest caz registrul cartea mare, poate fi constituit din Fișe de cont pentru operații diverse. În cadrul acestei forme de înregistrare se deschid fișe de cont pentru operații diverse pentru fiecare cont utilizat în care se preiau din registrul jurnal, toate sumele cu care respectivul cont s a debitat și s-a creditat, cu indicarea simbolului conturilor corespondente și stabilirea soldului după fiecare operație reportată. Forma de contabilitate pe jurnale se poate practica în două variante: 1. forma clasică sau cu jurnal unic este recomandabilă pentru întreprinderile mici unde volumul operațiilor ce pot fi înregistrate zilnic este limitat. Această formă utilizează într-o formă corelată următoarele registre de contabilitate: registru inventar, registru jurnal și registru cartea mare sub forma fișelor de cont pentru operații diverse; 2. formă evoluată sau cu jurnale multiple se caracterizează prin folosirea unui sistem de jurnale auxiliare, denumite și analitice, pentru fiecare tip de operații economico financiare repetitive, cum ar fi: jurnalul operațiilor de casă și bancă, jurnalul decontărilor cu furnizorii, jurnalul operațiilor diverse, jurnalul vânzărilor și altor ieșiri. Lunar totalul înregistrărilor din registrele jurnal auxiliare se reportează în registrul jurnal general.

Formula contabilă: formă de reprezentare a raportului de egalitate valorică stabilit între conturile corespondente, pe baza dublei înregistrări a unei operații economico financiare.

Formulare tipizate cu regim special: documente legale a căror tiparire, înseriere și numerotare se realizează în condițiile actelor normative în vigoare.

Franciza: modalitate de colaborare între o societate numită "francizor" și una (sau mai multe) societăți numite "francizate". Francizorul, având drept de proprietate asupra unei mărci înregistrate (sau a unor servicii), oferă francizatului resurse bănești și asistență de specialitate, precum și dreptul de a folosi marca sa, în vederea desfășurării unor activități comerciale. Francizatul are o limită stabilită prin contract a libertății sale de acțiune și el varsă periodic o cotă parte din profitul realizat, în folosul francizorului.

Frauda: inducere în eroare, înșelăciune, act de rea credință săvârșit spre a realiza un profit material prin atingerea adusă drepturilor altei persoane.

Funcția contabilă a conturilor: constă într-un anumit mod de înregistrare în cadrul lor a creșterilor și micșorărilor determinate de operațiile economice și financiare cu elementele patrimoniale la care se referă în raport cu conținutul economic al conturilor respective. Deci funcția contabilă este determinată de conținutul economic al

80

conturilor și în baza ei se asigură exercitarea de către acestea, a tuturor celorlalte funcții enumerate mai sus.

Funcția de calcul: se întâlnește la toate conturile și pe baza ei se calculează situația tuturor elementelor patrimoniale în diferite momente ale activității economice, se calculează costul efectiv al producției, rezultatele financiare etc.

Funcția de control îndeplinită de conturi: constă în folosirea datelor și informațiilor furnizate de ele la controlul integrității patrimoniului unității, controlul nivelului cheltuielilor de aprovizionare, de producție, de desfacere a produselor finite și mărfurilor etc.

Funcția de previziune: se realizează datorită faptului că în bugetul de venituri și cheltuieli sunt previzionați principalii indicatori ai întreprinderii: veniturile, cheltuielile, producția marfa fabricată, nivelul investițiilor, nivelul încasărilor în valută, nivelul ratei rentabilității.

Funcțiile contabilității: 1. Funcția de înregistrare și prelucrare a datelor constă în consemnarea potrivit unor principii și reguli proprii a fenomenelor și proceselor economice exprimate valoric. 2. Funcția de informare constă în furnizarea informațiilor privind structura și dinamica patrimoniului, a situației financiare și rezultatele obținute în scopul fundamentării deciziilor. Contabilitatea permite cunoașterea eficienței economice prin reflectarea activităților desfășurate. 3. Funcția de control gestionare constă în verificarea cu ajutorul informațiilor contabile, a modului de păstrare și utilizare a valorilor materiale și bănești, de gospodărire a resurselor, controlului respectării disciplinei financiare. 4. Funcția juridică datele din contabilitate și din documentele primare servesc ca mijloc de probă în justiție. 5.

Funcţia previzională informaţiile contabile servesc la fundamentarea programelor, la elaborarea bugetelor unităţilor patrimoniale.

Furnizor: persoana fizică sau juridică ce livrează unui client o marfă, un produs sau prestează un anumit serviciu. Desemnează datoriile întreprinderii echivalente valorii bunurilor, lucrărilor şi serviciilor primite de la terţi.

Furt: conform art. 208 Cod Penal, luarea unui bun mobil din posesia sau detenţia altuia, fără consimţământul acestuia, în scopul de a şi-l însuşi pe nedrept, se pedepseşte cu închisoare de la 1 la 12 ani. Se consideră bunuri mobile şi orice energie care are o valoare economică, precum şi înscrisurile. Fapta constituie furt chiar dacă bunul aparţine în întregime sau în parte făptuitorului, dar în momentul săvârşirii, acel bun se găsea în posesia sau deţinerea legitimă a altei persoane.

Fuziune: formă de comasare a persoanelor juridice constând în contopirea a două sau mai multe subiecte colective de drept. Are ca efect încetarea existenţei persoanelor juridice contopite şi formarea unei persoane juridice noi. Operează o transmisiune universală între subiecte de drept care îşi încetează existenţa şi subiectul de drept nou format, în virtutea căreia acesta din urmă preia integral de la cel dintâi bunurile, drepturile, obligaţiile, inclusiv contractele deja încheiate, devenind astfel răspunzător pentru neexecutarea lor.

Fuziune prin absorbţie: formă de fuziune a persoanelor juridice constând în incorporarea patrimoniului unui subiect colectiv de drept, având forţa economică mai mică, în patrimoniul unui alt subiect colectiv de drept, având forţa economică mai mare. Persoana juridică al cărei patrimoniu se încorporează se numeşte persoană juridică absorbită, iar aceea care încorporează se numeşte persoană juridică absorbantă. Fuziunea prin absorbţie produce următoarele efecte juridice: dispariţia unui subiect de drept existent (care este persoană juridică absorbită); consolidarea în plan juridic şi în plan economic a persoanei juridice absorbante; transmiterea universală de la persoana juridică absorbită către persoana juridică absorbantă, care devine succesoarea în drepturi, dar şi în obligaţii, a celei dintâi.

Fuziune prin contopire: formă de comasare a persoanei juridice, constând în contopirea a două sau mai multe subiecte colective de drept pentru a alcătui un nou subiect colectiv de drept. Are ca efect încetarea existenţei persoanelor juridice contopite şi constituirea unei persoane juridice noi. Operează o transmisiune universală între subiectele de drept care îşi încetează existenţa şi subiectul de drept nou format, în virtutea căreia acesta din urmă preia integral, de la cel dintâi, bunurile, drepturile, obligaţiile, inclusiv contractele deja încheiate la data reorganizării, devenind astfel răspunzător pentru neexecutarea lor.

G

Gestiunea trezoreriei: are rolul de a asigura un nivel optim al numerarului și echivalentelor acestuia, a volumului resurselor financiare existente în conturi bancare, a creditelor obținute pe termen scurt, a valorilor de încasat, a investițiilor pe termen scurt considerate avantajoase firmei, în vederea asigurării unui nivel optim de lichiditate.

Gradul de eficiență *în utilizarea resurselor*: se exprimă cu ajutorul profitului (atunci când veniturile sunt mai mari decât cheltuielile) respectiv a pierderii (atunci când veniturile sunt inferioare cheltuielilor).

Gradul de eficiență *în utilizarea resurselor*: se exprimă cu ajutorul profitului (atunci când veniturile sunt mai mari decât cheltuielile) respectiv a pierderii (atunci când veniturile sunt inferioare cheltuielilor).

Grup de active biologice: conform IAS 41: „Agricultura", reprezintă gruparea animalelor vii sau a plantelor similare.

Grupul de întreprinderi: cuprinde o societate mamă și toate filialele sale, adică un ansamblu de firme constituite în vederea coordonării activității în comun.

Guvernul: conform IAS 20 „Contabilitatea subvențiilor guvernamentale și prezentarea informațiilor legate de asistența guvernamentală", se referă la guvernul propriu-zis, la agenţiile guvernamentale şi la alte instituţii similare, locale, naţionale sau internaţionale.

Î

Identificarea specifică a costului: conform IAS 2: „Stocuri", presupune atribuirea costurilor specifice elementelor identificabile ale stocurilor.

Imobilizare necorporală: conform IAS 38 „Imobilizări necorporale", este un activ nemonetar identificabil, fără substanță fizică.

Imobilizare necorporală: conform O.M.F.P. 3055/2009 actualizat, este un activ identificabil, nemonetar, fără suport material și deținut pentru utilizare în procesul de producție sau furnizare de bunuri sau servicii, pentru a fi închiriat terților sau pentru scopuri administrative.

Imobilizări necorporale: 1. active identificabile nemonetare, fără suport corporal, care sunt deținute pentru utilizare în procesul de producție sau furnizare de bunuri și servicii, pentru locație la terți sau în scopuri administrative. 2. active nemateriale identificabile fără suport material deținute durabil de entitățile economice pentru producție, furnizare de servicii, închiriate sau în scopuri administrative.

Imobilizările corporale: 1. acele active tangibile (materiale). 2. Active deținute de o întreprindere pentru a fi utilizate în producția de bunuri sau în prestarea de servicii, în scopuri administrative sau pentru a fi date în locație terților, active care vor fi utilizate pe parcursul mai multor exerciții. 3.

Conform IAS 16 „Imobilizări corporale", sunt acele elemente tangibile care: a) sunt deținute pentru a fi utilizate în producția de bunuri sau prestarea de servicii, pentru a fi închiriate terților sau pentru a fi folosite în scopuri administrative, și: b) este preconizat a fi utilizate pe parcursul mai multor perioade. 4. Conform O.M.F.P. 3055/ 2009 actualizat, reprezintă active care: a) sunt deținute de o entitate pentru a fi utilizate în producția de bunuri sau prestarea de servicii, pentru a fi închiriate terților sau pentru a fi folosite în scopuri administrative; și b) sunt utilizate pe parcursul unei perioade mai mari de un an.

Imobilizările corporale în curs: investițiile neterminate efectuate în regie proprie sau în antrepriză la imobilizările tangibile.

Imobilizările corporale în curs de execuție: conform O.M.F.P. 3055/2009 actualizat, reprezintă investițiile neterminate efectuate în regie proprie sau în antrepriză.

Imobilizările financiare: 1. investiții financiare sau de portofoliu sub formă de acțiuni și alte titluri cumpărate și deținute pe termen lung precum și creanțe imobilizate cum ar fi garanțiile și împrumuturile pe termen lung; 2. reprezintă valorile financiare investite de întreprindere pe termen lung, sub formă de titluri și creanțe financiare, în scopul obținerii de venituri financiare sub forma dividendelor sau dobânzilor, prin creșterea valorii capitalizate sau prin realizarea de beneficii din comercializarea acestor investiții *(mai sunt numite și investiții financiare pe termen lung)* .

Impozitul curent: conform IAS 12 „Impozitul pe profit", este valoarea impozitului pe profit plătibil (recuperabil) în raport cu profitul impozabil (pierderea fiscală) pe o perioadă.

Impozitul pe profit: impozit direct cu o contribuţie importantă la formarea veniturilor bugetului public, exercitând totodată o influenţă considerabilă asupra activităţilor economice generatoare de bunuri şi valori.

Impracticabil: conform IAS 1 „Prezentarea situaţiilor financiare", aplicarea unei cerinţe este impracticabilă atunci când întreprinderea nu o poate aplica după ce a făcut toate eforturile posibile în acest sens.

Indemnizaţia pentru creşterea copilului: se suportă integral din bugetul asigurărilor sociale de stat şi se plăteşte de primării.

Indemnizaţia pentru incapacitate temporară de muncă: se suportă atât de către angajator cât şi din bugetul asigurărilor sociale de sănătate.

Indemnizaţia pentru îngrijirea copilului bolnav: se suportă integral din bugetul asigurărilor sociale de sănătate. Asiguraţii au dreptul la concediu şi indemnizaţie pentru îngrijirea copilului bolnav în vârstă de până la 7 ani, iar în cazul copilului cu handicap, pentru afecţiunile intercurente, până la împlinirea vârstei de 18 ani, dacă au realizat un stagiu de cotizare de cel puţin 6 luni în ultimele 12 luni anterioare primei zile de concediu pentru îngrijirea copilului bolnav înscrisă în certificatul medical. Durata de acordare a indemnizaţiei pentru îngrijirea copilului bolnav este de 14 zile calendaristice pe an pentru un copil, cu excepţia situaţiilor în care copilul contractează boli contagioase, este imobilizat în aparat gipsat sau este supus unor intervenţii chirurgicale; durata concediului medical în aceste cazuri va fi stabilită de medicul de familie.

Indemnizaţia pentru maternitate: se suportă integral din bugetul asigurărilor sociale de sănătate, având o durată de 126 de zile calendaristice din care jumătate înainte de naştere şi jumătate după naştere, putându-se compensa cu condiţia ca durata concediului postnatal să fie de minim 42 zile.

Indemnizaţii de carantină: se acordă salariaţilor cărora li se interzice continuarea activităţii din cauza unor boli contagioase. Se stabileşte: Nr. de zile lucrătoare de concediu x (75% x salariu mediu zilnic din ultimele 6 luni).

Indemnizaţii pentru prevenirea îmbolnăvirilor şi recuperarea capacităţii de muncă: se suprotă integral din bugetul asigurărilor sociale de stat şi pot îmbrăca următoarele forme:

Indemnizaţii pentru reducerea timpului de lucru cu o pătrime din durata normală: se acordă salariaţilor dacă din motive de sănătate nu mai pot realiza durata normală de muncă. Se stabileşte ca diferenţă între media veniturilor brute din ultimele 6 luni şi venitul brut obţinut în noile condiţii.

Influenţă semnificativă: conform IAS 24 „Prezentarea informaţiilor referitoare la tranzacţiile cu părţile afiliate", este acţiunea de participare la deciziile de politică financiară şi de exploatare ale unei întreprinderi, fără a le putea controla. Influenţa semnificativă poate fi exercitată în mai multe moduri, de obicei prin reprezentarea în Consiliul de Administraţie, dar şi prin participarea la procesul de stabilire a politicilor întreprinderii, la tranzacţii semnificative între societăţile grupului, la schimbul de personal managerial sau prin dependenţa de informaţii tehnice. Influenţa semnificativă poate fi obţinută prin deţinerea de acţiuni, prin lege sau prin acord între părţi. În ceea ce priveşte deţinerea de acţiuni, influenţa semnificativă este presupusă a fi în conformitate cu definiţia din IAS 28 „Contabilitatea investiţiilor în întreprinderile asociate".

Informaţia contabilă: produsul final al contabilităţii.

Instalaţiile tehnice şi maşini: mijloace fixe reprezentate de echipamente tehnologice (maşini, utilaje şi instalaţii de lucru), aparate şi instalaţii de măsurare, control şi reglare, mijloace de transport, animale şi plantaţii.

Instrument de acoperire împotriva riscurilor: conform IAS 39 „Instrumente financiare – Recunoaştere şi evaluare", este un instrument derivat desemnat sau (doar pentru o acoperire împotriva riscurilor variaţiilor cursurilor de schimb valutar) un activ financiar nederivat sau o datorie financiară nederivată desemnate a căror valoare justă sau ale căror fluxuri de trezorerie sunt preconizate să compenseze modificările valorii juste sau ale fluxurilor de trezorerie ale unui element desemnat acoperit împotriva riscurilor.

Instrument de capital propriu: conform IAS 32 „Instrumente financiare", este orice contract care certifică existenţa unui interes rezidual în activele unei întreprinderi după deducerea tuturor datoriilor sale.

Instrument derivat: conform IAS 39 „Instrumente financiare – Recunoaştere şi evaluare", este un instrument financiar sau un alt contract care intră sub incidenţa prezentului standard care întruneşte toate cele trei caracteristici de mai jos: (a) valoarea sa se modifică ca reacţie la modificările anumitor rate ale dobânzii, preţului unui instrument financiar, preţului mărfurilor, cursurilor de schimb valutar, indicilor de preț sau ratelor, ratingului de credit sau indicelui de creditare, sau a altor variabile, cu condiția ca, în cazul unei variabile nefinanciare, aceasta să nu fie specifică unei părți contractuale (uneori denumită „suport"); (b) nu necesită nicio investiție inițială netă sau necesită o investiție inițială netă care este mai mică decât s-ar impune pentru alte tipuri de contracte care se preconizează să aibă reacții similare la modificările factorilor pieței; și (c) este decontat la o dată viitoare.

Instrument financiar: conform IAS 32 „Instrumente financiare" reprezintă orice contract ce generează simultan un activ financiar pentru o întreprindere și o datorie financiară sau un instrument de capitaluri proprii pentru o altă întreprindere.

Interese de participare: conform O.M.F.P. 3055/2009 actualizat, reprezintă drepturile în capitalul altor entități, reprezentate sau nu prin titluri, care, prin crearea unei legături durabile cu aceste entități, sunt destinate să contribuie la activitățile entității. Deținerea unei părți din capitalul unei alte entități se presupune că reprezintă un interes de participare, atunci când depășește un procentaj de 20%.

Interesele de participare: reprezintă drepturi deținute în capitalul altei societăți comerciale în scopul obținerii de venituri financiare fără intervenția în gestiunea acesteia.

Interesele de participare: sunt drepturi deținute pe termen lung în capitalul altei societăți comerciale. Cuprind: investiții în entități economice asociate când participarea este de până la 10% și investiții strategice când procentul de participare este cuprins între 10–20%.

Interesul minoritar: conform IAS 22 „Combinări de întreprinderi", este acea parte a rezultatelor nete ale activităţilor şi activelor nete ale unei filiale, atribuite unor interese care nu sunt deţinute de către societatea mamă, direct sau indirect, prin intermediul filialei.

Interesul rezidual: reprezintă dreptul acţionarilor.

Inventar: document în care sunt enumerate, descrise cantitativ şi valoric, toate bunurile care se află într-o gospodărie, într-o instituţie, într-un magazin etc.

Investiţia brută în leasing: conform IAS 17 „Contracte de leasing", este suma plăţilor minime de leasing aferente unui leasing financiar, din punctul de vedere al locatorului, şi orice valoare reziduală negarantată acumulată în contul locatorului.

Investiţia netă în leasing: conform IAS 17 „Contracte de leasing", este investiţia brută în leasing, actualizată cu rata de dobândă implicită a contractului de leasing.

Investiţia netă într-o entitate externă: conform IAS 21 „Efectele variaţiei cursurilor de schimb", este parte a întreprinderii raportoare din activele nete ale entităţii respective.

Investiţie imobiliară: conform IAS 40 „Investiţii imobiliare", este un bun imobiliar (teren, construcţie sau parte dintr-o construcţie ori ambele) deţinut, de către proprietar sau de către utilizatorul dintr-un contract de leasing financiar, pentru a realiza venituri din chirii sau pentru valorizarea capitalului (ori ambele) mai degrabă decât pentru utilizarea în activitatea de producţie sau de livrare de bunuri ori servicii sau în scopuri administrative, sau pentru a fi vândut în cadrul activității curente.

Investiții în curs: la sfârşitul perioadei contabile în cadrul unei entități, unele active imobilizate să fie nefinalizate. Se încadrează în această categorie: investițiile neterminate executate în regie proprie, sau efectuate de terți, aduse sub formă de aport în natură de către asociați; cheltuieli de proiectare, montajul utilajelor, cheltuieli privind probele tehnologice inclusiv avansurile acordate furnizorilor de imobilizări până la decontarea acestora.

Investițiile financiare pe termen scurt *(numite şi titluri de plasament sau valori de trezorerie)*: reprezintă valorile financiare investite de întreprindere în vederea realizării unui câştig pe termen scurt.

Investițiile în întreprinderile asociate: sunt acele interese de participare a căror deținere între 20% şi 50% asigură o influență semnificativă în activitatea emitentului.

Investițiile păstrate până la scadență: conform IAS 39 „Instrumente financiare – Recunoaştere şi evaluare", sunt active financiare nederivate cu plăți fixe sau determinabile şi cu o scadență fixă pe care o entitate are intenția pozitivă şi capacitatea de a le păstra până la scadență, altele decât: (a) cele pe care, la recunoaşterea inițială, entitatea le desemnează la valoarea justă prin profit sau pierdere; (b) cele pe care entitatea le desemnează drept disponibile în vederea vânzării; şi (c) cele care corespund definiției împrumuturilor şi creanțelor.

Investiţiile pe termen scurt: sunt titlurile de plasament achiziţionate de entităţi în vederea realizării unor câştiguri de capital sau a unor venituri pe termen scurt.

Investiţiile strategice: reprezintă titluri de participare deţinute într-un procent de până la 20% care nu asigură posibilitatea exercitării unei influenţe semnificativ.

Î

Împrumuturile acordate pe termen lung: reprezintă sumele acordate de întreprindere terţilor în baza unor contracte pentru care întreprinderea percepe dobânzi, potrivit normelor legale.

Împrumuturile din emisiunea de obligaţiuni: refelctă sursele financiare pe termen lung asigurate prin vânzarea de titluri de credit negociabile către public, de regulă, prin intermediul unor instituţii financiare. Aceste împrumuturi sunt divizate în părţi egale, numite obligaţiuni, rambursabile la termen sau eşalonat şi purtătoare de dobânzi.

Împrumuturile din emisiunile de obligaţiuni: conform O.M.F.P. 3055/2009 actualizat, reprezintă contravaloarea obligaţiunilor emise potrivit legii. În cadrul acestora, trebuie evidenţiate distinct împrumuturile din emisiuni de obligaţiuni convertibile.

Împrumuturile şi creanţele: conform IAS 39: „Instrumente financiare – Recunoaştere şi evaluare", sunt active financiare nederivate cu plăţi fixe sau determinabile şi care nu sunt cotate pe o piaţă activă, altele decât: (a) cele pe care entitatea intenţionează să le vândă imediat sau în scurt timp, care trebuie clasificate drept deţinute în vederea tranzacţionării, şi cele pe care entitatea, la recunoaşterea iniţială, le desemnează la valoarea justă prin profit sau pierdere; (b) cele pe care entitatea, la recunoaşterea iniţială, le

97

desemnează drept disponibile în vederea vânzării; fie (c) cele pentru care deținătorul s-ar putea să nu recupereze în mod substanțial toată investiția inițială, din altă cauză decât deteriorarea creditului, care trebuie clasificate drept disponibile în vederea vânzării.

Împrumuturile și datoriile asimilate: sunt datoriile financiare ale întreprinderii privind: împrumuturi din emisiunea de obligațiuni, credite bancare pe termen lung primite de la bănci și alte instituții financiare.

Încasarea: reprezintă momentul realizării, efective a producției, în care bunul sau serviciul facturat se transformă în numerar (bani) prin decontarea de către client a contravalorii bunului sau serviciului în favoarea furnizorului sau prestatorului.

Încorporarea: reprezintă momentul strict contabil în care veniturile evidențiate în conturile corespunzătoare, după natura acestora, sunt decontate asupra rezultatului financiar al perioadei de gestiune.

J

Jurnal: document în care se consemnează operațiuni zilnice.

Jurnal Contabil: registru contabil unde se înregistrează cronologic și sistematic mișcările patrimoniului.

Jurnal de Casă: document în care se consemnează operațiuni zilnice.

Jurnal de TVA: document obligatoriu de ținere a evidenței operațiunilor impozabile, în scopuri de TVA astfel încât să se poate determina baza de impozitare și TVA colectată pentru livrările de bunuri și/sau prestări de servicii efectuate, TVA deductibilă aferentă achizițiilor.

Jurnal pentru Vânzări: jurnal auxiliar pentru înregistrarea livrărilor de bunuri și/sau a prestărilor de servicii; document de stabilire lunară sau trimestrială, după caz, a TVA colectată; document de control al unor operațiuni înregistrate în contabilitate.

Jurnal privind consumurile și alte ieșiri de stocuri: jurnal auxiliar pentru înregistrarea lunară a operațiunilor în creditul conturilor de stocuri la unitățile care aplică forma de înregistrare "pe jurnale"; servește la completarea Registrului Cartea Mare .

Jurnal privind decontările cu furnizorii: jurnal auxiliar pentru înregistrarea operaţiunilor privind decontările cu furnizorii pentru materiale, mărfuri, lucrări executate, servicii prestate etc. la unităţile care aplică forma de înregistrare „pe jurnale"; serveşte la ţinerea contabilităţii analitice a furnizorilor; serveşte la completarea Registrului Cartea Mare.

Jurnal privind operaţiunile de casă şi bancă: jurnal auxiliar pentru înregistrarea operaţiunilor cu mijloace băneşti la unităţile care aplică forma de înregistrare "pe jurnale"; serveşte la completarea Registrului Cartea Mare.

Jurnal privind operaţiunile diverse: jurnal auxiliar pentru înregistrarea operaţiunilor în creditul conturilor fără dezvoltare analitică sau a căror dezvoltare se asigură pe fişe separate, dar care nu sunt cuprinse în alte jurnale, la unităţile care aplică forma de înregistrare "pe jurnale"; serveşte la completarea Registrului Cartea Mare .

Jurnal privind salariile: jurnal auxiliar pentru înregistrarea lunară a operaţiunilor în creditul conturilor privind salariile, contribuţia pentru asigurări sociale, protecţia socială a şomerilor şi asigurări sociale de sănătate la unităţile care aplică forma de înregistrare "pe jurnale"; serveşte la completarea Registrului Cartea Mare.

Jurnal (Registru): document contabil obligatoriu în care se înregistrează, în mod cronologic, toate operaţiunile economico financiare.

Jurnalul Cumpărărilor: este documentul în care se evidenţiază baza de impozitare şi TVA deductibilă aferentă cumpărărilor.

Justă (valoare): reprezintă suma la care poate fi tranzacţionat un activ sau decontată o datorie de bună voie între părţi aflate în cunoştinţă de cauză în cadrul unei tranzacţii în care preţul este determinat obiectiv.

K

Know–how: reprezintă cunoștințe tehnice și procedee tehnologice care nu fac obiectul unui brevet de invenție, dar care aparțin celor care le au creat și care pot fi comercializate.

Kr: coeficient de repartizare cu ajutorul căruia se repartizează diferențele de preț asupra valorii bunurilor ieșite și asupra stocurilor.

L

Leasing: operațiune economică și juridică prin care o parte, numită locator/finanțator, transmite dreptul de folosință asupra unui bun aflat în proprietatea sa unei alte părți, numită utilizator, la solicitarea acesteia și pentru o anumită perioadă de timp, contra unei sume periodice, numită rată de leasing. La sfârșitul perioadei prevăzute în contractul de leasing, locatorul/finanțatorul se obligă să respecte dreptul de opțiune al utilizatorului de a cumpăra bunul, de a prelungi contractul de leasing sau de a înceta raporturile contractuale. Pot constitui obiect al unei operațiuni/contract de leasing bunurile imobile și bunurile mobile de folosință îndelungată aflate în circuitul civil.

Leasing financiar: 1. conform IAS 17 „Contracte de leasing", este operațiunea de leasing care transferă, substanțial, toate riscurile și avantajele neprevăzute aferente dreptului de proprietate asupra unui activ. Titlul de proprietate poate fi transferat în cele din urmă sau nu. 2. Conform O.M.F.P. 3055/2009 actualizat, este operațiunea de leasing care transferă cea mai mare parte din riscurile și avantajele aferente dreptului de proprietate asupra activului. 3. Locatorul cedează locatarului în mare măsură toate riscurile și avantajele aferente dreptului de proprietate asupra bunului care la urmă poate fi transferat sau nu utilizatorului fiind tratat din punct de vedere financiar ca proprietar.

Leasing operaţional: 1. conform IAS 17 „Contracte de leasing", este operaţiunea de leasing ce nu intră în categoria leasingului financiar. 2. Conform O.M.F.P. 3055/2009 actualizat, este operaţiunea de leasing ce nu intră în categoria leasingului financiar. 3. Operaţiunea de leasing care nu îndeplineşte nici una din condiţiile leasingului financiar. În cazul leasingului operaţional finanţatorul (locatorul) are calitatea de proprietar. 4. Orice tip de alt contract în afara celui financiar. Locatarul poate folosi bunul numai o fracţiune din viaţa sa economică. La expirarea termenului contractual există urmatoarele posibilităţi: utilizatorul returnează proprietarului bunul; bunul este cumpărat la o valoare reziduală prevăzută în contract; se reînnoieşte creditul contract de închiriere. Reprezintă operaţiunea de leasing care nu îndeplineşte nici una dintre condiţiile leasingului financiar. În ce priveşte calitatea de finanţator, aceasta poate fi o societate de leasing, persoană juridică română sau străină. Nici în ceea ce priveşte utilizatorul legea nu dă o anumită calificare, existând posibilitatea ca utilizator să fie atât o persoană fizică, română sau străină, cât şi o persoană juridică, indiferent de naţionalitatea acesteia. În înţelesul prezentei legi, prin valoare de intrare se înţelege valoarea la care a fost achiziţionat bunul de către finanţator, respectiv costul de achiziţie. Valoarea totală reprezintă valoarea totală a ratelor de leasing la care se adaugă valoarea reziduală.

Legea contabilităţii: reglementează organizarea şi conducerea contabilităţii, formatul şi conţinutul registrelor contabile obligatorii (jurnal, cartea mare, inventar), durata exerciţiului financiar (anul calendaristic), conţinutul şi formatul situaţiilor financiare, categoriile de persoane care conduc contabilitatea în partidă simplă respectiv dublă şi alte aspecte semnificative privind contabilitatea entităților persoane juridice și fizice.

Legislație fiscală: reprezintă baza legală care reglementează și instituie impozite și taxe considerate componente de bază ale veniturilor statului și care consfințesc dreptul de creanță al statului asupra contribuabilului.

Licența *ca modalitate de utilizare a rezultatului cercetării în producție*: este contractul prin care posesorul unui brevet de invenție cedează dreptul de utilizare a acestuia unei alte persoane fizice sau juridice în schimbul unei sume de bani.

Licență: 1. Autorizarea eliberată de către o administrație unei persoane pentru a exercita o profesie sau meserie. 2. Autorizarea de către organe în drept a importului sau exportului unor bunuri care fac obiectul unor restricții. 3. Autorizarea pe care o acorda o persoană fizică sau juridică unui terț de a fabrica un produs sau de a se folosi de o marcă de fabrică ce le aparțin și sunt protejate prin brevet sau ca marcă autorizată. Utilizarea de către un terț a unui brevet sau marcă inregistrate presupune plata unor sume denumite redevențe.

Licență comercială: este aprobarea specială de a importa sau exporta anumite mărfuri, dată de organele de stat unor persoane fizice sau juridice.

Licență economică: este contractul prin care posesorul unui brevet de invenție acordă dreptul de utilizare și de valorificare a acestuia unei persoane fizice sau juridice, contra plată.

Lichidare: procedura de împărţire a patrimoniului cu prilejul lichidării societăţii ca urmare a fuziunii sau a dizolvării acesteia, ce are ca obiect realizarea elementelor de activ (transformarea activului în bani) şi plata creditorilor, în vederea partajului activului net rămas între asociaţi. Lichidarea este, aşadar, precedată de dizolvare. Toate documentele emise de societatea aflată în lichidare trebuie să poarte o menţiune despre starea societăţii (să arate că este în lichidare). Patrimoniul social aparţine, în continuare, societăţii, ca subiect de drept distinct. După aprobarea hotărârii de lichidare, adunarea asociaţilor procedează la numirea lichidatorilor şi la stabilirea competentelor acestora pentru realizarea lichidării. În cazul în care lichidatorii nu au putut fi numiţi prin hotărârea adunării asociaţilor, numirea acestora se face de către instanţa judecătorească, la cererea oricăruia dintre administratori sau asociaţi.

Lichidarea cheltuielilor: este o fază în procesul execuţiei bugetare, în care pe baza documentelor justificative care atestă operaţiunile, se controlează existenţa angajamentelor, realitatea sumei obtinute şi condiţiile de exigibilitate a angajamentului.

Lichidarea obligaţiilor: presupune renunţarea întreprinderii la anumite resurse care încorporează beneficii economice.

Lichidarea societăţilor comerciale: încetarea existenţei societăţii comerciale reclamă îndeplinirea unor operaţiuni care să pună capăt activităţii, prin intermediul lichidatorilor, şi să ducă în final la încetarea statutului de persoană juridică a societăţii. Principii generale: personalitatea juridică a societăţii subzistă pentru nevoile lichidării, legea cere ca toate actele care emană de la societate să arate că aceasta este în lichidare; lichidarea se face în interesul asociaţilor, fapt dovedit prin aceea că lichidarea poate fi cerută numai de către asociaţi cu excluderea creditorilor societăţii; adunarea asociaţilor numeşte lichidatorii (care preiau gestiunea societăţii de la administratori), stabilindu-le puterile, înseşi condiţiile lichidării se stabilesc prin actul constitutiv (de către asociaţi); lichidarea societăţii este obligatorie deoarece societatea nu poate rămâne în faza de dizolvare.

Lichidator: este persoana desemnată cu întocmirea documentaţiei privind lichidarea unei societăţi comerciale.

Lichiditate: este capacitatea unui agent economic de a-şi plăti obligaţiile faţă de terţi la scadenţă. Un agent economic poate dispune de un volum mai mare de active decât valoarea totală a obligaţiilor sale faţă de terţi, dar să fie totuşi insolvabil dacă nu reuşeşte să transforme unele din active în bani, pentru a-şi onora obligaţiile.

Lichiditate generală: raportul dintre active circulante şi datorii pe termen scurt. Creşterea indicatorilor de lichiditate reprezintă un factor de creştere a activităţii economice (creşterea vânzărilor, creşterea vitezei de rotaţie a stocurilor).

Lichiditate imediată: transformarea urgentă a activelor în numerar.

Licitaţie: tip de vânzare în care mai mulţi agenţi economici concurează pentru cumpărarea unui bun economic sau pentru obţinerea unui contract de ofertă.

LIFO (ultimul intrat/primul ieşit): presupune evaluarea stocurilor la ieşirea din gestiune în funcţie de costul de achiziţie sau preţul de producţie al ultimului lot intrat. După

109

epuizarea acestuia se va lua în considerare prețul următorului lot în ordinea inversă cronologică. Pentru ieșiri se atribuie costurile de achiziție în ordine inversă intrărilor. Primele cantități ieșite se evaluează la prețul de achiziție al ultimei intrări și după epuizarea lotului se trece la prețurile lotului achiziționat înaintea acestuia ș.a.m.d. Ca dezavantaj al metodei se menționează faptul că în perioadele de inflație are loc micșorarea profitului real al unității.

Linie de credit: denumire dată înțelegerii dintre bancă și client, potrivit căreia banca acordă clientului dreptul de a obține credite succesiv după nevoi într-o perioadă convenită (în general 3-5 ani), până la un total prestabilit. Pentru sumele utilizate, debitorul plătește o dobândă calculată de obicei în funcție de dobânda pieței din ziua utilizării efective. Pentru sumele neutilizate se plătește un comision de angajament (în general 0,5% sau 0,75%).

Linie tehnologică: ansamblu tehnologic în care mașinile și locurile de muncă sunt amplasate în conformitate cu succesiunea tehnologică a operațiilor de execuție a unor produse sau faze ale procesului de fabricație, asigurându-se deplasarea obiectelor muncii într-un singur sens și cu cheltuieli reduse de transport.

Lista de avans chenzinal: formular tipizat fără regim special. Format A4 și A5, tipărite pe o singură față, în blocuri a 100 de file. Servește ca: document pentru calculul drepturilor bănești cuvenite salariaților ca avansuri chenzinale; document pentru reținerea prin statele de salarii a avansurilor chenzinale plătite; document justificativ de înregistrare în contabilitate. Se întocmește lunar, de compartimentul care are această atribuție, pe baza documentelor de evidență a muncii, a timpului lucrat efectiv, a certificatelor medicale prezentate și se semnează pentru confirmarea exactității calculelor de persoană care a calculat avansurile chenzinale și a întocmit listă.

Litigiu: conflict între persoane, instituții, state etc. ce poate forma obiectul unui proces, unui arbitraj etc.

Livret al utilajului: document utilizat pentru urmărirea folosirii, întreținerii și reparațiilor utilajelor. Livretul utilajului se folosește pentru fiecare utilaj și se completează, de regulă, în cadrul compartimentelor mecano energetic.

Locatar: persoană care locuiește într-o casă (în calitate de chiriaș).

Locator: persoană care dă în locație, cu chirie, un lucru.

Locația de gestiune: constă în transferarea de către un subiect de drept altui subiect de drept a posesiei, folosinței, exploatării unor bunuri. În cazul locației de gestiune, relațiile dintre locator (cel care oferă) și locatar (cel care primește) sunt mai complexe, existând de regulă, prestații și angajări reciproce astfel încât fiecare să obțină eficiența scontată.

Locație: 1. Contract încheiat între locatar și locator prin care primul închiriază un bun, pentru care locatarul se obligă să plătească o chirie pentru bunul luat în folosință, conform pierderilor contractuale. 2. Taxa plătită pentru un lucru luat în folosință.

M

Macroeconomie: 1. acea parte a economiei, a activității economice, care este formată din procesele, faptele, actele și comportamentele de natură economică în contextul raporturilor dintre ele, ca mărimi și variabile agregate ce se realizează prin ceea ce face fiecare participant. Macroeconomia se referă la funcționarea economiei pe baza relațiilor multiple dintre agregatele și categoriile de unități funcțional instituționale. Adesea, macroeconomia se identifică cu economia națională. 2. Componentă a științei economice care se ocupă cu studiul structurii, funcționalității și comportamentului de ansamblu al economiei ca sistem.

Majorare capital social: reprezintă creșterea capitalului social prin aportul în bani sau natură al proprietarului. Are loc pe calea emisiunilor de noi acțiuni sau părți sociale, a aportului întreprinzătorilor, a fuziunilor și prin operațiuni interne de capitalizare.

Marca de comerț: reprezintă semnul distinctiv pe care îl folosesc firmele de comerț pentru ca beneficiarii să deosebească mărfurile lor de altele similare, ale altor firme.

Marfă: 1. bun economic care servește producției sau satisfacerii nevoilor oamenilor, destinat vânzării cumpărării, prin tranzacții de piață. Sunt mărfuri, factorii de producție, satisfactorii, monedă, hârtiile de valoare și alte active financiare etc. Principalele categorii de mărfuri sunt: mărfuri corporale de consum personal (alimente, îmbrăcăminte, articole de igienă etc.); mărfuri corporale de consum îndelungat (locuinţe, mobilă, autoturisme etc.); servicii şi informaţii destinate consumului personal şi sociale (de învăţământ, de salubritate, de pază etc.); informaţii plătite (servicii de poştă, telefon, transport etc.); mărfuri servicii, informaţii şi bunuri corporale destinate activităţii economice (servicii de marketing, management, consultanţă economică şi tehnico ştiinţifică, licenţe şi brevete, bunuri de capital fix şi circulant etc.); mărfuri active monetare şi financiare. După modalităţile în care circulă, se disting două categorii de bunuri marfare: integrale (cele care trec de la un posesor la altul, de regulă de la producător la consumator, prin mecanismele pieţei), şi parţiale (sau mixte, care trec de la un posesor la altul, prin vânzare cumpărare, dar preţul la care se realizează tranzacţia are la bază atât condiţiile pieţei, cât şi criterii administrative, de echitate, de protecţie socială serviciile de învăţământ public, unele servicii sociale, medicale etc.). 2. Conform O.M.F.P. 3055/2009 actualizat, bunurile pe care entitatea le cumpără în vederea revânzării sau produsele predate spre vânzare magazinelor proprii.

Marja: reprezintă diferenţa între costul de vânzare şi cel de producţie.

Marja comercială (MC): reprezintă diferenţa dintre preţul de vânzare şi costul de achiziţie; este specifică întreprinderilor comerciale, dar o întâlnim şi în cazul întreprinderilor cu activitate mixtă (industrială şi comercială). Activitatea comercială presupune cumpărarea şi revânzarea mărfurilor, mărfurile fiind considerate bunuri cumpărate pentru a fi revândute. Excedentul vânzărilor de mărfuri în raport cu costul de cumpărare al acestora reprezintă marjă comercială. Costul de cumpărare al mărfurilor vândute (revândute) include preţul de cumpărare (preţ fără TVA) majorat cu cheltuielile, accesorii de cumpărare şi corectat cu variaţia stocurilor de mărfuri.

Marja de garanţie: măsură de protecţie a gajului în cazul când acesta nu acoperă valoarea creditului. Diferenţa între valoarea de gajare a unui bun (titlu) şi valoarea nominală a acestuia.

Marja producţiei: reprezintă partea rămasă din veniturile realizate din vânzări, după acoperirea costurilor şi cea a cheltuielilor.

Marja dobânzii: reprezintă diferenţa între ratele dobânzilor plătite de bancă pentru fondurile încredinţate şi cele percepute pentru creditele acordate din aceste fonduri. Diferenţa între ratele dobânzilor creditoare şi cele debitoare.

Materiale consumabile: reprezintă materiale auxiliare, combustibili, materiale pentru ambalat, seminţe şi materiale de plantat, furaje, şi alte materiale consumabile, elemente care participă sau ajută procesul de fabricaţie sau de exploatare de regulă, fără a se regăsi în produsele la a căror fabricare participă.

Materiale de natura obiectelor de inventar: sunt bunuri materiale de valoare mare cu durată de viaţă utilă sub un an, sau durată de viaţă utilă peste un an indiferent de valoare sub formă de: echipamente de protecţie şi de lucru, mecanisme, dispozitive, verificatoare, baracamente şi amenajări provizorii de şantier. Nu se include în această categorie lucrările de organizare de şantier de la care în urma terminării lucrărilor nu se recuperează materiale (ex. platforme, betonate, căi de acces, gropi de var etc.).

Materialele consumabile: conform O.M.F.P. 3055/2009 actualizat, (materiale auxiliare, combustibili, materiale pentru ambalat, piese de schimb, semințe și materiale de plantat, furaje și alte materiale consumabile) participă sau ajută la procesul de fabricație sau de exploatare fără a se regăsi, de regulă, în produsul finit.

Materiile prime: sunt destinate utilizării în procesul de producție, participă direct la generarea produselor, regăsindu-se în produsul finit integral sau parțial, fie în starea lor inițială, fie transformată.

Menținere a capitalului: pornește de la premisa că orice bază de evaluare folosită trebuie să permită cel puțin menținerea capacității de finanțare a capitalului, astfel spus profitul obținut este real numai dacă capitalul (fizic sau financiar) la sfârșitul exercițiului este mai mare decât cel de la începutul exercițiului.

Metoda cantitativ-valorică: presupune ținerea unei evidențe cantitative la locul de depozitare al stocurilor, pe categorii de bunuri, folosind Fișele de magazie, iar în contabilitate a evidenței cantitativ valorice folosind Fișele de cont analitice. Fișele de magazie, împreună cu actele justificative (recepții, facturi), împărțite în funcție de sensul mișcării bunurilor (intrări și ieșiri), se predau compartimentului financiar contabil, care prelucrează datele și înregistrează stocurile atât cantitativ cât și valoric, în Fișele de cont analitice, deschise pe feluri de bunuri și locuri de depozitare. Concordanța valorică dintre datele înregistrate în conturile sintetice și cele analitice, se verifică prin întocmirea la sfârşitul lunii a balanţei de verificare a conturilor analitice. Concordanţa cantităţilor se asigură prin confruntarea datelor dintre fişele de magazie şi fişele analitice pentru valori materiale.

Metoda preţului cu amănuntul: metodă folosită în comerţul cu amănuntul pentru a determina costul stocurilor la articole numeroase şi cu mişcare rapidă, care au marje similare şi pentru care nu este practic să se folosească altă metodă.

Metoda clasificării *după destinaţie*: evidenţiază cheltuielile după funcţiunea lor (locul/activitatea de provenienţă) ca parte a costului vânzărilor, distribuţiei, activităţii administrative etc. Această metodă poate oferi informaţii mai relevante pentru utilizatori decât clasificarea după natură, dar alocarea costurilor pe destinaţii poate fi arbitrară ceea ce implică utilizarea raţionamentului profesional.

Metoda costului mediu ponderat: presupune calcularea costului fiecărui element pe baza mediei ponderate a costurilor, elementelor similare aflate în stoc la începutul perioadei şi a costului elementelor similare cumpărate sau produse (intrate) în cursul perioadei.

Metoda dobânzii efective: conform IAS 39 „Instrumente financiare – Recunoaştere şi evaluare", este o metodă de calcul al costului amortizat al unui activ financiar sau al unei datorii financiare (sau al unui grup de active financiare sau datorii financiare) şi de alocare a profitului din dobânzi sau a cheltuielilor cu dobânzile în perioada relevantă.

Metoda global-valorică: are în vedere conducerea evidenţei stocurilor numai valoric, atât la nivelul gestiunii, cât şi a compartimentului de contabilitate. La nivelul gestiunii, Fişele de magazie sunt întocmite cu „Raportul de gestiune", în care se înregistrează zilnic intrările şi ieşirile, pe bază de documnete justificative. Acesta, împreună cu documnetele justificative se predau la compartimentul de contabilitate, care verifică realitatea documentelor şi a valorilor consemnate. Controlul concordanţei dintre înregistrările din Raportul de gestiune (la locul de depozitare) şi cele din Fişele de cont pentru operaţii diverse (la nivelul copartimentului de contabilitate), se face periodic, de regulă lunar, prin confruntarea soldurilor.

Metoda inventarului intermitent: constă în stabilirea ieşirilor şi înregistrarea lor în contabilitate pe baza inventarierii stocurilor la sfârşitul perioadei (lunii) înaintea determinării obligaţiilor fiscale. Stabilirea ieşirilor de stocuri şi înregistrarea lor în contabilitate se face la sfârşitul fiecărei perioade, pe baza inventarierii. În cadrul acestei metode, se renunţă la utilizarea pe parcursul lunii a conturilor de stocuri, iar intrările de stocuri se înregistrează după formule contabile de formă: Conturi de cheltuieli = Conturi de furnizori. Cu ocazia inventarierii, când se determină existenţa faptică a stocurilor, acestea se vor înregistra în contabilitate prin formule contabile de formă: Conturi de stocuri = Conturi de cheltuieli. Inventarul intermitent nu se utilizează în comerţul cu amănuntul dacă entitatea economică aplică metoda global valorică ca metodă de evidenţă analitică a stocurilor.

Metoda inventarului permanent: înregistrarea în conturile de stocuri a tuturor operaţiilor de intrare şi ieşire a stocurilor, evaluate la valoarea de intrare, preţul standard sau preţul de facturare, după caz. Astfel, la intrare vom avea înregistrări contabile de formă: Conturi de stocuri = Conturi de furnizori. La ieşire, prin dare în consum sau cesiune cu ocazia descărcării gestiunii, se vor debita conturile de cheltuieli şi se vor credita conturile de stocuri astfel: Conturi de cheltuieli = Conturi de stocuri. Această metodă permite stabilirea şi cunoaşterea în orice moment a stocurilor atât cantitativ cât şi valoric.

Metoda operativ-contabilă (pe solduri): înregistrarea stocurilor la locul de depozitare cantitativ, pe categorii de bunuri, iar la contabilitate, valoric, pe gestiuni, iar în cadrul acestora pe grupe şi subgrupe de bunuri, întocmindu-se documentul numit „Registrul stocurilor". Concordanţa dintre datele înregistrate în evidenţa depozitelor şi cele din contabilitate se asigură prin evaluarea lunară a stocurilor cantitative înscrise în Fişele de magazie cantitativ şi în „Registrul stocurilor"cantitativ şi valoric.

Minusul de valoare: reprezintă o cheltuială cu întreaga valoare a deprecierii, dacă în rezervă din reevaluare nu este înregistrat un surplus din reevaluare aferent aceluiaşi activ; o scădere a rezervei din reevaluare cu minusul dintre valoarea rezervei şi valoarea reducerii, în limita soldului creditor al contului 105 "Rezerve din reevaluare" iar diferenţa rămasă neacoperită se înregistrează ca o cheltuială.

Mobilizarea durabilă: reflectă elementele care dau expresia capitalului pentru obţinerea de bunuri, servicii, lucrări, etc. ce vor fi valorificate eficient şi astfel resursele de finanţare vor fi suplimentate.

Modificarea capitalurilor proprii: se poate face numai în baza hotărârii Adunării Generale a Asociaţilor sau Acţionarilor (AGA).

119

Modificarea estimării contabile anterioare: conform IAS 8 „Politici contabile, modificări în estimări contabile, erori", este o ajustare a valorii contabile a unui activ sau a unei datorii, sau a consumului periodic al unui activ care rezultă din evaluarea situației prezente a activelor și pasivelor. Acestea rezultă ca urmare a unor informații și evoluții noi, și deci nu sunt o consecință a unor erori.

Modificările contractuale: conform IAS 11 „Contracte de construcții", sunt ordine de schimbare date (exemplu: dispoziții de șantier) de către beneficiar. O astfel de modificare poate avea drept rezultat o creștere sau descreștere a venitului contractual.

Moneda: semn bănesc, piesă de forma unui disc confecționată din metal (argint, aur, nichel, cupru etc.) de o anumită greutate, care se utilizează ca mijloc de circulație, de plată, iar în unele cazuri și ca mijloc de tezaurizare.

Moneda de raportare: conform IAS 21 „Efectele variației cursurilor de schimb", este moneda utilizată la prezentarea situațiilor financiare. Valuta este o monedă, alta decât moneda de raportare a societății.

Monedă scripturală (de cont): este constituită din depozitele băncilor comerciale, respectiv din soldurile creditoare ale agenților nebancari care sunt transmise de la un agent la altul prin intermediul cecurilor și al viramentelor.

Monetar: inventar al banilor, sortați după valoare, pe cupluri și pe monede (numărul bucăților din fiecare fel, sume parțiale și totalul sumei).

Monopol: firmă sau întreprindere, ce singură produce un bun sau serviciu și trebuie să satisfacă întreaga cerere pentru acesta.

Monist: presupune existența unui singur circuit contabil, adică o singură contabilitate atât pentru latura internă cât și cea externă a activității întreprinderii.

Monografie: studiu științific care tratează amplu, multilateral și aprofundat o problemă.

N

Nestocat: nu se stochează ci se consumă imediat ce se procură materialele sau obiectele şi au valori mici (de regulă rechizite).

Nevărsarea capitalul subscris: exprimă angajamentele sau promisiunile de aport făcute de asociaţi sau acţionari în baza actelor de constituire a firmei.

Normă: un set de principii generale; o temă contabilă; un sector de activitate instituţionalizat.

Normalizarea contabilă: procesul prin care se definesc concepte, principii generale şi norme contabile bazate pe o terminologie precisă şi identică pentru toţi producătorii şi utilizatorii de informaţii contabile, aplicabile în totalitate sau parţial la un ansamblu de ţări, de întreprinderi sau specialişti ai profesiei contabile.

Notă de contabilitate: document de înregistrare prin care se înregistrează o anumită operaţie ce nu are la bază alt document justificativ.

Notă de recepţie şi constatare de diferenţe: evidenţiază bunurile intrate în gestiune. Este întocmită în baza documentelor eliberate de furnizor.

Nota de restituire: document utilizat pentru returnarea la magazie a materiilor prime/ materialelor ridicate pe bază de bon de consum. Documentul permite: preluarea automată a unei comenzi interne; exprimarea cantităților pentru un articol și în altă unitate de măsură decât unitatea de măsură de bază a articolului; reflectarea în gestiune a modificărilor și contarea documentului; vizualizarea/ listarea documentului.

Notele explicative: conțin informații suplimentare, relevante pentru necesitățile utilizatorilor în ceea ce privește poziția financiară, performanțele și modificarea poziției financiare a entității.

Notificare: înștiințare scrisă prin care se aduce la cunoștința unei persoane fizice sau juridice că un anumit act juridic a fost îndeplinit sau urmează a fi îndeplinit.

Numerarul: conform IAS 7 „Situația fluxurilor de numerar", este reprezentat de numerarul în casă și de depozitele plătibile la cerere (disponibilul în cont). Prin urmare, numerarul înseamnă banii la care societatea poate avea acces imediat.

O

Obiectivul principal al reevaluării: reprezintă constatarea valorii reale (juste) al activului având în vedere prețul pieței, starea și utilitatea activelor.

Obiectivul situațiilor financiare: reprezentat prin furnizarea de informații cu privire la poziția financiară, performanțele și modificările acestora în decursul unui exercițiu financiar utile unei game largi de utilizatori.

Obiectul contabilității financiare: reprezentat de reflectarea poziției financiare a performanțelor, a fluxurilor de numerar, a modificărilor capitalului propriu, precum și a elementelor extrabilanțiere inclusiv de închidere și deschidere a bilanțului.

Obligație contingentă: conform IAS 37 „Provizioane, datorii și active contingente", este: (a) o obligație posibilă, apărută ca urmare a unor evenimente trecute și a cărei existență va fi confirmată numai de apariția sau neapariția unuia sau mai multor evenimente viitoare incerte, care nu pot fi în totalitate sub controlul întreprinderii; sau (b) o obligație curentă, apăruta ca urmare a unor evenimente trecute, dar care nu este recunoscută, deoarece: (i) nu este sigur că vor fi necesare resurse (care să afecteze beneficiile economice) pentru stingerea acestei obligații; sau (ii) valoarea obligației nu poate fi evaluată cu suficientă credibilitate.

Obligaţie implicită: conform IAS 37 „Provizioane, datorii şi active contingente", este obligaţia care rezultă din acţiunile unei întreprinderi în cazul în care: (a) prin stabilirea unei practici anterioare, prin politica scrisă a firmei sau printr-o declaraţie suficient de specifică, întreprinderea a indicat partenerilor săi că îşi asuma anumite responsabilităţi; şi (b) ca rezultat, întreprinderea a indus partenerilor ideea că îşi va onora acele responsabilităţi.

Obligaţie legală: conform IAS 37 „Provizioane, datorii şi active contingente", este obligaţia care rezultă (a) dintr-un contract (în mod explicit sau implicit); (b) din legislaţie; sau (c) alt efect al legii.

Obligaţiunea: titlu de credit, hârtie de valoare emisă de bănci, stat sau agenţi economici (deci şi de societăţile comerciale) care conferă posesorului ei calitatea de creditor faţă de instituţia emitentă şi care are dreptul să primească pentru suma împrumutată un anumit venit fix sub formă de dobândă, de câştiguri prin trageri la sorţi sau sub ambele forme.

Operaţiune din străinătate: conform IAS 21 „Efectele variaţiei cursurilor de schimb", este o filială, o întreprindere asociată, o asociere în participaţie sau o sucursală a întreprinderii raportoare, ale cărei activităţi sunt localizate sau se desfăşoară într-o altă ţară decât cea a întreprinderii raportoare.

Operaţiuni de schimb la termen (FORWARD): conform O.M.F.P. 3055/2009 actualizat, sunt considerate operaţiunile de cumpărare şi de vânzare a valutelor, cu decontare după termenul stabilit în general prin reglementări sau convenţii ale pieţei respective, de regulă mai mult de două zile lucrătoare de la data încheierii tranzacţiei, la cursul de schimb stabilit între părţi (curs FORWARD).

Operaţiuni de schimb la vedere: conform O.M.F.P. 3055/2009 actualizat, sunt operaţiunile de cumpărare şi de vânzare a valutelor, cu decontarea în termenul stabilit în general prin reglementări sau convenţii ale pieţei respective, de regulă maxim de două zile lucrătoare de la data încheierii tranzacţiei, la cursul de schimb stabilit între părţi (curs SPOT).

Operaţiuni valutare: acte şi fapte care exprimă naşterea, modificarea sau stingerea unor obligaţii exprimate în valută.

Operaţiunile SWAP: conform O.M.F.P. 3055/2009 actualizat, sunt operaţiuni de cumpărare şi vânzare simultană a unei sume în valută, cu decontarea la două date, de valori diferite (de regulă SPOT şi FORWARD) la cursurile de schimb stabilite (SPOT şi FORWARD) la data tranzacţiei.

OPT - Ordinul de plată pentru trezoreria statului: instrument de plată pentru efectuarea de plăţi către şi de la Trezoreria Statului, care se supune prevederilor Băncii Naţionale a României şi se utilizează de către utilizatori pentru plata impozitelor, taxelor şi a altor obligaţii datorate bugetului de stat, bugetul asigurărilor sociale de stat.

Opţiunile de vânzare (put): conform IAS 33 „Rezultatul pe acţiune", opţiunile pe acţiuni ordinare sunt contracte care dau deţinătorului dreptul de a vinde acţiuni ordinare la un preţ specificat pe o perioadă dată.

Ordonanţe: reprezintă standarde contabile europene.

P

Parte afiliată: conform IAS 24 „Prezentarea informaţiilor referitoare la tranzacţiile cu părţile afiliate", părţile sunt considerate a fi afiliate dacă una din ele are capacitata de a o controla sau de a o influenţa semnificativ pe cealaltă în luarea deciziilor financiare şi de exploatare.

Participanţii: conform IAS 26 „Contabilizarea şi raportarea planurilor de pensii", sunt membrii unui plan de pensii, precum şi alte persoane ce sunt îndreptăţite la beneficii sub incidenţa acestui plan.

Partidă simplă: înregistrările se fac fie în debitul, fie în creditul unui singur cont fără folosirea de conturi corespondente.

Părţile sociale: reprezintă titluri de valoare care nu se pot negocia pe piaţa financiară, exprimând de asemenea un drept de proprietate în cazul societăţilor de persoane (ex. SRL).

Pasiv: diferenţa favorabilă de curs valutar între data intrării în patrimoniu a creanţelor şi obligaţiilor exprimate în devize şi data închiderii exerciţiului financiar.

Patrimoniu: reprezintă totalitatea bunurilor mobile şi imobile (inclusiv terenuri), evaluate în expresie bănească, disponibilităţile băneşti, titlurile de valoare, drepturile şi obligaţiile băneşti izvorâte din relaţiile cu terţii.

Patrimoniul public: refelctă totalitatea drepturilor şi obligaţiilor statului, unităţilor administrativ teritoriale sau ale entităţilor publice ale acestora dobândite sau asumate cu orice titlu. Drepturile şi obligaţiile statului şi ale unităţilor administrativ teritoriale se referă atât la bunurile din domeniul public, cât şi la cele din domeniul privat al statului şi al unităţilor administrativ teritoriale.

Performanţa întreprinderii: reflectă capacitatea acesteia de a genera fluxuri viitoare de numerar, prin utilizarea resurselor existente, precum şi gradul de eficienţă în utilizarea de noi resurse.

Performanţa pierderii: se înregstrează atunci când veniturile sunt inferioare cheltuielilor.

Performanţa profitului: se inregistrează atunci când veniturile sunt mai mari decât cheltuielile.

Persoana juridică: reprezintă persoan sau grupul de persoane cărora legea le recunoaşte existenţa, acordându-le un statut juridic pe baza căruia pot fi proprietari, pot avea un patrimoniu, drepturi şi obligaţii.

Piaţa activă: 1. conform IAS 36 „Deprecierea activelor", este o piaţă în care există următoarele condiţii: bunurile tranzacţionate pe piaţa respectivă sunt omogene; în orice moment, în condiţii normale, se pot găsi cumpărători şi vânzători; preţurile sunt disponibile pentru public. 2. Piaţa unde sunt îndeplinite cumulativ următoarele condiţii: a) elementele comercializate sunt omogene; b) pot fi găsiţi în permanenţa cumpărători şi vânzători interesaţi; c) preţurile sunt cunoscute de cei interesaţi.

Pierderea din depreciere: conform IAS 16 „Imobilizări corporale", reprezintă diferența dintre valoarea contabilă și valoarea recuperabilă.

Pierderile: reduceri ale beneficiilor economice ce pot rezulta sau nu ca urmare a desfășurării activității curente (de exploatare și financiare) a persoanei juridice.

Plan de conturi: sintaxa întregului mecanism de reprezentare și calcul al situației patrimoniului și al rezultatului obținut. Reprezintă un instrument prin care se reflectă, valoric, patrimoniul unei întreprideri, în totalitatea lui și pe părți componente, relațiile dintre elementele patrimoniale, procesele economice și sursele de finanțare ale acestora. Reprezintă matricea întregului sistem de conturi în cadrul căreia fiecare cont, de diverse grade de cuprindere a elementelor patrimoniale este delimitat printr-o denumire și simbol cifric fiind încadrat într-o clasă și grupă în raport de un anumit criteriu de clasificare.

Planul contabil general: este un sistem coerent al teoriilor și doctrinelor care ghidează practica contabilă la nivelul unei națiuni, impus entităților prin reglementări exprese la recomandarea și cu avizul organismelor consultative în materie de normalizare contabilă.

Planurile cu mai mulți angajatori: conform IAS 19 „Beneficiile angajaților", sunt planuri de contribuții determinate (altele decât planurile de stat) sau planuri de beneficii determinate (altele decât planurile de stat) care: (a) pun în comun activele cu care au contribuit diferite întreprinderi care nu se află sub control comun; și (b) folosesc acele active pentru a asigura beneficii angajaților mai multor întreprinderi, bazându-se pe faptul că atât contribuția, cât şi nivelurile beneficiului sunt determinate fără a se ţine seama de identitatea întreprinderii care angajează personalul în cauză.

Planurile de beneficii: conform IAS 26 „Contabilizarea şi raportarea planurilor de pensii", determinate sunt planurile de beneficii în baza cărora sumele ce urmează a fi plătite ca pensii sunt determinate utilizându-se o formulă ce este, de obicei bazată pe câştigurile angajaţilor şi/sau pe anii de serviciu.

Planurile de beneficii determinate: conform IAS 19 „Beneficiile angajaţilor", sunt planuri de beneficii post angajare, altele decât planurile de contribuţii determinate.

Planurile de beneficii post angajare: conform IAS 19 „Beneficiile angajaţilor", sunt contracte oficiale sau neoficiale, în baza cărora o întreprindere furnizează unuia sau mai multor angajaţi beneficii post angajare.

Planurile de compensaţii sub forma participaţiilor la capitalurile proprii: conform IAS 19 „Beneficiile angajaţilor", sunt contracte oficiale sau neoficiale, în baza cărora o întreprindere oferă compensaţii sub forma participaţiilor la capitalurile proprii pentru unul sau mai mulţi angajaţi.

Planurile de contribuţii: conform IAS 26 „Contabilizarea şi raportarea planurilor de pensii", determinate sunt planurile de pensii în baza cărora sumele ce urmează a fi plătite ca pensii rezultă din contribuţii la un fond şi din câştigurile în urma investirii acestor contribuţii.

Planurile de contribuţii determinate: conform IAS 19 „Beneficiile angajaţilor", sunt planuri de beneficii post angajare, în baza cărora o întreprindere plăteşte contribuţii fixe într-o entitate separată (un fond) şi nu va avea nici o obligaţie legală sau implicită de a plăti contribuţii suplimentare dacă fondul nu deţine suficiente active pentru a plăti toate beneficiile angajaţilor aferente serviciului prestat de angajat în perioadele curente sau anterioare.

Planurile de pensii: conform IAS 26 „Contabilizarea şi raportarea planurilor de pensii", sunt contracte prin care o întreprindere asigură beneficii angajaţilor ei la sau după terminarea serviciului acestora (fie sub forma unui venit anual, fie ca suma globală), atunci când astfel de beneficii, sau contribuţii ale angajatorului, pot fi determinate sau estimate înaintea pensionării din prevederile stipulate printr-un document sau din experienţă trecută a întreprinderii.

Plata impozitului: reprezintă sustragerea prin orice mijloace, în întregime sau în parte, de la plata impozitelor, taxelor şi a altor sume datorate bugetului de stat, bugetelor locale, bugetului asigurărilor sociale de stat şi fondurilor speciale extrabugetare de către persoanele fizice şi persoanele juridice romane sau străine, denumite în continuare contribuabili.

Plata personal: reprezintă sumele sau valorile plătite sau de plătit pentru: consumurile de materii prime şi materiale, pentru lucrările executate şi serviciile prestate, pentru plata personalului şi a altor obligaţii contractuale sau legale, pentru deprecierea activelor, valoarea contabilă a activelor cedate, distruse sau dispărute.

Plăţile: constă în achitarea unei sume de bani ca echivalent în cadrul relaţiilor comerciale.

Plăţile de stimulare: conform IAS 11 „Contracte de construcţii", sunt sume suplimentare plătite antreprenorului în cazul în care standardele de performanţă specificate sunt atinse sau depăşite (spre exemplu o plată suplimentară pentru încheierea în avans a lucrării).

Plăţile minime de leasing: conform IAS 17 „Contracte de leasing", sunt acele plăţi de-a lungul duratei contractului de leasing pe care locatarul trebuie sau poate fi obligat să le efectueze, excluzând chiria contingentă, costurile serviciilor şi impozitele pe care locatorul le va plăti şi care se vor rambursa acestuia.

Plătitor: reprezintă persoană care iniţiază emiterea unei cambii (trată, bilet la ordin) care trebuie achitată de un anumit plătitor la un anumit termen numit scadenţă.

Poliţa de asigurare restrictivă: conform IAS 19 „Beneficiile angajaţilor", este o poliţă de asigurare emisă de un asigurator care nu este parte afiliată (aşa cum este aceasta definită în IAS 24 „Prezentarea informaţiilor referitoare la tranzacţiile cu părţile afiliate") a întreprinderii raportoare, dacă încasările aferente poliţei: (a) pot fi utilizate doar pentru a plăti sau finanţa beneficiile angajaţilor în baza unui plan de beneficii determinate; (b) nu sunt disponibile creditorilor întreprinderii raportoare (nici măcar în caz de faliment), şi care nu pot fi plătite întreprinderii raportoare, cu excepţia cazului în care: (i) încasările reprezintă un surplus de active care nu sunt necesare în scopul îndeplinirii tuturor obligaţiilor cu privire la beneficiile angajaţilor; sau (ii) încasările sunt returnate întreprinderii raportoare cu scopul de a le rambursa pentru beneficiile angajaţilor deja plătite.

Politicile contabile anterioare: conform IAS 8 „Politici contabile, modificări în estimări contabile, erori", reprezintă principiile, bazele, convenţiile, regulile şi practicile specifice aplicate de o entitate la întocmirea situaţiilor financiare anuale.

Politicile contabile pe segment: conform IAS 14 „Raportarea pe segmente", sunt politici contabile adoptate pentru întocmirea şi prezentarea situaţiilor financiare ale grupului sau entităţii consolidate, precum şi acele politici contabile care se referă în mod specific la raportarea pe segmente.

Poziţia activelor: se referă la activele imobilizate existente în unitate faţă de patrimoniul juridic al acesteia, determinând evidenţierea distinctă a activelor imobilizate proprii faţă de activele imobilizate provenite din afară (concesiuni, locaţii de gestiune, închirieri, etc.).

Poziţia financiară: reflectată prin bilanţ se referă la faptul că acesta oferă informaţii esenţiale despre capacitatea entităţii de a se adapta schimbărilor de mediu, de a degaja fluxuri viitoare de numerar, despre necesităţi de creditare viitoare respectiv repartizările viitoare către creditori, acţionari.

Preţ de facturare: preţul de vânzare a mărfii, înscris în factură.

Preţul de piaţă: suma care ar fi plătită de un client independent unui furnizor independent în acelaşi moment şi în același loc, pentru același bun sau serviciu ori pentru unul similar, în condiții de concurență loială.

Prezentarea fidelă: conform IAS 1 „Prezentarea situațiilor financiare", reprezentarea corectă a efectelor tranzacțiilor și a altor evenimente și condiții în concordanță cu definițiile și cu criteriile de recunoaștere a activelor, datoriilor și cheltuielilor stabilite în Cadrul general.

Prima de fuziune: se determină ca diferență între valoarea contabilă a acțiunilor stabilite în urma fuziunii societăților comerciale și valoarea nominală a acestora sau ca diferență între activul net la societatea absorbită și suma cu care a crescut capitalul social ca urmare a fuziunii.

Prime de capital: ansamblu de bunuri posedate în bani și în natură sau totalitatea resurselor bănești investite într-o afacere, existente la ora actuală pentru a evalua societatea se are în vedere principiul prudenței; capitalul propriu sau activul net al unei societăți cuprinde: capitalul social, primele de capital, toate rezervele asimilate capitalului, rezultatul reportat și rezultatul exercițiului; activul net contabil (ANC) = total active - total datorii.

Prime de capital: sunt surse generate de operații de creștere a capitalului prin noi emisiuni de acțiuni, fuziune sau aport în natură.

Primele de aport: se calculează ca diferență între valoarea bunurilor intrate ca aport și valoarea nominală a acțiunilor atribuite.

Primele de conversie: reprezintă diferenţa dintre valoarea datoriilor şi valoarea nominală a acţiunilor rezultate din transformarea obligaţiunilor în titluri de capital (acţiuni).

Primele de emisiune: se determină ca diferenţă între valoarea de emisiune (de vânzare) a noilor acţiuni sau părţi sociale (mai mare) şi valoarea nominală a acţiunilor sau părţilor sociale atribuite investitorilor (mai mică).

Principiile contabilităţii: reprezintă elemente fundamentale, puncte de plecare esenţiale şi idei de bază, pe care se fundamentează contabilitatea ca activitate specializată în măsurarea, evaluarea şi înregistrarea activelor, datoriilor, veniturilor, cheltuielilor şi rezultatelor financiare ale unei entităţi economice.

Principiul conectării cheltuielilor la venituri: acest principiu are ca obiectiv determinarea profitului care rezultă dintr-o tranzacţie. Conectarea cheltuielilor la venituri presupune mai întâi înregistrarea veniturilor şi apoi recunoaşterea cheltuielii aferente.

Principiul consecvenţei, *denumit şi principiul permanenţei metodelor*: a fost dezvoltat pentru a permite comparabilitatea informaţiilor contabile în timp. Acest principiu impune ca, odată aleasă o metodă contabilă, ea să fie urmată cu consecvenţă.

Principiul continuităţii activităţii: în contabilitate, se pleacă de la prezumţia că viaţa unei entităţi este infinită, cu excepţia cazului în care există motive serioase care să dovedească încetarea activităţii în viitorul previzibil. Dacă întreprinderea ar fi în această din urmă situaţie, toate resursele sale (de exemplu: clădiri, utilaje, stocuri de materii prime, produse etc.) ar fi măsurate la valoarea care s-ar putea obține prin vânzarea lor. În situația obișnuită, de continuitate a activității, valorile de piață nu sunt utilizate ca principală bază de evaluare, deoarece nu există intenția vânzării resurselor întreprinderii. Rezultatele procesului de producție vor fi evaluate la prețul de vânzare cu ocazia vânzării lor.

Principiul continuității activității: conform O.M.F.P. 3055/2009 actualizat, presupune că entitatea își continuă în mod normal funcționarea, fără a intra în stare de lichidare sau reducere semnificativă a activității.

Principiul costului istoric: resursele economice ale unei întreprinderi (activele entității contabile) se evaluează în contabilitate la costul lor. Dacă au rezultat dintr-o cumpărare de la terți, costul îmbracă forma costului de achiziție; dacă au fost produse în întreprindere, este vorba de cost de producție. Aceste costuri sunt curente la data achiziției sau producției, dar, ținând seama de faptul că activitatea unei entități este presupusă a se desfășura pe termen nedefinit, aceste costuri vor servi pentru evaluarea resurselor și ulterior datei achiziției sau producției. Principiul costului istoric este specific raționamentului contabil și nu are un echivalent în raționamentul comun, iar mărimile prezentate în raportările financiare (bilanț, cont de profit și pierdere, note) sunt mărimi istorice.

Principiul cuantificării monetare: produsul final al contabilității unei entități îl constituie informațiile financiare, adică informații exprimate valoric. Prin intermediul etalonului monetar contabilitatea generalizează și sintetizează datele neomogene despre activele, datoriile și rezultatele întreprinderii.

Principiul dublei reprezentări: patrimoniul are un activ în care se regăsesc bunurile, ca obiecte ale drepturilor şi obligaţiilor, şi un pasiv care regrupează drepturile şi obligaţiile titularului de patrimoniu. Şi această explicaţie ajunge tot la egalitatea dintre active şi pasive, fiecare bun din activ fiind obiectul unui drept sau al unei obligaţii din pasiv. În abordarea economică a dublei reprezentări, activul bilanţului reflectă forma concretă în care s-au investit fondurile furnizate entităţii contabile la data întocmirii bilanţului. Ecuaţia fundamentală a contabilităţii capătă aici semnificaţia că fiecare leu investit într-un activ a fost finanţat fie de proprietari, fie de terţi (instituţii financiare, furnizori sau alţi creditori). Consecinţă a dublei reprezentări, fiecare tranzacţie are un dublu impact asupra înregistrărilor contabile. Numim acest fapt dublă înregistrare, iar sistemul contabil astfel organizat este contabilitatea în partidă dublă.

Principiul evaluării separate a elementelor de active şi de datorii: conform O.M.F.P. 3055/2009 actualizat, componentele elementelor de active şi de datorii trebuie evaluate separat.

Principiul independenţei exerciţiului: conform O.M.F.P. 3055/2009 actualizat, trebuie să se ţină cont de veniturile şi cheltuielile aferente exerciţiului financiar, indiferent de data încasării veniturilor sau data plăţii cheltuielilor.

Principiul intangibilităţii: conform O.M.F.P. 3055/2009 actualizat, bilanţul de deschidere pentru fiecare exerciţiu financiar trebuie să corespundă cu bilanţul de închidere al exerciţiului financiar precedent.

Principiul intangibilităţii bilanţului de deschidere: impune ca bilanţul de deschidere al unui exerciţiu să corespundă cu bilanţul de închidere al exerciţiului anterior. În cazul în care, după întocmirea şi aprobarea bilanţului, se descoperă erori fundamentale, acest principiu interzice corectarea erorii în bilanţul exerciţiului încheiat; corectarea erorii va afecta exerciţiul curent. Acest principiu, valabil în contabilitatea din ţara noastră, nu este prezent în contabilitatea ţărilor anglo saxone. În aceste ţări, erorile descoperite în situaţiile financiare ale exerciţiilor expirate se contabilizează prin modificarea bilanţului perioadelor respective.

Principiul necompensării: conform O.M.F.P. 3055/2009 actualizat, orice compensare între elementele de active şi datorii sau între elementele de venituri şi cheltuieli este interzisă.

Principiul permanenţei metodelor: conform O.M.F.P. 3055/2009 actualizat, presupune că metodele de evaluare şi politicile contabile, în general, trebuie aplicate în mod consecvent de la un exerciţiu financiar la altul.

Principiul pragului de semnificaţie: prevede ca orice element care are o valoare semnificativă să fie prezentat distinct în situaţiile financiare. Elementele cu valori nesemnificative, cele care au aceeaşi natură sau funcţii similare vor fi însumate.

Principiul prevalenţei economicului asupra juridicului: conform O.M.F.P. 3055/2009 actualizat, prezentarea valorilor din cadrul elementelor din bilanţ şi contul de profit şi pierdere se face ţinând seama de fondul economic al tranzacţiei sau al operaţiunii raportate, şi nu numai de forma juridică a acestora.

Principiul prevalenţei economicului asupra juridicului: cere ca informaţiile prezentate în situaţiile financiare să reflecte nu numai forma juridică a evenimentelor şi tranzacţiilor, ci şi realitatea lor economică.

Principiul prudenţei: antidotul găsit de contabili la optimismul managerilor cu privire la rezultatul activităţii întreprinderii gestionate de aceştia. Principiul prudenţei impune să se ţină seama de toate pierderile probabile, şi să nu se considere decât veniturile certe, sigure.

Principiul realizării: este principiu ce ajută să determinăm momentul înregistrării veniturilor şi anume numai atunci când la baza lor există o tranzacţie. Contabilitatea se deosebeşte în acest punct de economie, unde prezenţa tranzacţiei nu este necesară pentru recunoaşterea venitului.

Principiului noncompensării: presupune că elementele de activ şi de pasiv trebuie evaluate distinct. În vederea stabilirii sumei totale corespunzătoare unei poziţii din bilanţ, se va determina separat suma sau valoarea corespunzătoare fiecărui element individual de activ sau de pasiv.

Proces de producţie: ansamblu al activităţilor desfăşurate în mod constant, organizate, conduse şi realizate de către om cu ajutorul mijloacelor de muncă şi al proceselor naturale care au loc în legătură cu transformarea muncii în produse şi servicii.

Proces verbal: înscris prin care se consemnează anumite fapte sau acte juridice. Procesul verbal este un document cu cea mai mare frecvenţă ce cuprinde aproape toate domeniile de activitate: economic, tehnic, social, juridic etc.

Producţia: corespunde obţinerii bunurilor, lucrărilor, serviciilor sau realizării activităţii pentru care a avut loc consumul de resurse.

Producţia agricolă: conform IAS 41 „Agricultura", reprezintă produsul recoltat din activele biologice ale entităţii.

Producţia în curs de execuţie: conform O.M.F.P. 3055/2009 actualizat, este producţia care nu a trecut prin toate fazele (stadiile) de prelucrare, prevăzute în procesul tehnologic, precum şi produsele nesupuse probelor şi recepţiei tehnice sau necompletate în întregime.

Produse finite: conform O.M.F.P. 3055/2009 actualizat, produsele care au parcurs în întregime fazele procesului de fabricaţie şi nu mai au nevoie de prelucrări ulterioare în cadrul entităţii, putând fi depozitate în vederea livrării sau expediate direct clienţilor.

Produsele reziduale: produsele rezultate din procesul de fabricaţie: rebuturi, materiale recuperabile, deşeuri.

Profit: un înscris, un titlu de valoare, care reprezintă o cotă fixa, dinainte stabilită, din capitalul unei societăţi pe acţiuni şi care dă posesorului ei dreptul de a participa cu vot deliberativ la adunările generale ale acţionarilor societăţii, de a partcipa la administrarea şi controlul societăţii şi de a participa la împărţirea rezultatelor financiare (profiturilor) ale societăţii (să primească dividende) proporţional cu valoarea acţiunilor ce le posedă.

Profit brut: total venituri realizate în total cheltuieli efectuate.

Profit contabil: reprezintă diferența dintre venituri și cheltuieli.

Profit impozabil: reprezintă diferența între veniturile realizate din orice sursă și cheltuielile efectuate în scopul realizării de venituri, dintr-un an fiscal, din care se scad veniturile neimpozabile și la care se adaugă cheltuielile nedeductibile.

Profit net: reprezintă diferența dintre profitul brut obținut de o entitate economică și impozitul pe profit aferent.

Profitul contabil: conform IAS 12 „Impozitul pe profit", profitul sau pierderea dintr–o perioadă înainte de scăderea cheltuielilor cu impozitul.

Profitul impozabil (pierderea fiscală): conform IAS 12 „Impozitul pe profit", profitul (pierderea) pentru o perioadă determinat(ă) în concordanță cu reguli stabilite de autoritățile fiscale, pe baza cărora impozitul este plătit (recuperabil).

Provizioane pentru pensii: conform O.M.F.P. 3055/2009 actualizat, se referă la sumele ce vor fi plătite de entitate după ce angajații au părăsit entitatea.

Provizionul 1. conform IAS 37 „Provizioane, datorii și active contingente", este o datorie cu exigibilitate sau valoare incertă. 2. Se compune din prețul de cumpărare negociat și înscris în factura primită de la furnizor, eventuale cheltuieli de transport, aprovizionare, suportate de cumpărător, unele cheltuieli, accesorii efectuate în vederea punerii în stare de funcționare a anumitor bunuri (mijloace fixe), eventuale taxe nedeductibile.

R

Rabaturile: reduceri de preț ce se primesc pentru defecte de calitate ale stocurilor.

Raportul financiar interimar: conform IAS 34 „Raportarea financiară interimară", reprezintă raportul financiar care conține un set complet de situații financiare sau un set condensat de situații financiare pentru o perioadă mai scurtă decât întregul exercițiu financiar al entității.

Răspunderea: pentru organizarea și conducerea contabilității revine administratorului, ordonatorului de credite sau altei persoane care are obligația gestionării entității.

Rata dobânzii marginale a locatarului: conform IAS 17 „Contracte de leasing", este rata dobânzii pe care locatarul ar trebui să o plătească pentru un leasing similar sau, dacă aceasta nu este determinabilă, rata pe care, la începutul contractului de leasing, locatarul ar trebui să o suporte pentru a împrumuta, pentru aceeași perioadă, și cu o garanție similară, fondurile necesare pentru achiziționarea bunului.

Rata efectivă a dobânzii: conform IAS 39 „Instrumente financiare – Recunoaștere și evaluare", reprezintă rata care actualizează exact plățile și încasările viitoare în numerar pe durata de viață preconizată a instrumentului financiar sau, acolo unde este cazul, pe o durată mai scurtă, la valoarea contabilă netă a activului financiar sau a datoriei financiare. La calcularea ratei dobânzii efective, o entitate trebuie să estimeze fluxurile de trezorerie luând în considerare toate condiţiile contractuale ale instrumentului financiar (spre exemplu, plata în avans, opţiunile call şi alte opţiuni similare), dar nu trebuie să ia în calcul pierderile viitoare din creditare.

Rata implicită a dobânzii din contractul de leasing: conform IAS 17 „Contracte de leasing", este rata de actualizare care, la începutul contractului de leasing, determină ca valoarea actualizată cumulată (a) a plăţilor minime de leasing şi (b) a valorii reziduale negarantate să fie egală cu valoarea justă a bunului în regim de leasing şi costurile iniţiale directe ale locatorului.

Recolta: conform IAS 41 „Agricultura", reprezintă separarea producţiei dintr-un activ biologic sau încetarea vieţii activului biologic.

Recunoaşterea: are în vedere raţionamentul profesional în baza căruia elementele patrimoniale vor fi cuprinse sau nu în situaţiile financiare în funcţie de anumite criterii ce au în vedere natura şi caracteristicile elementelor.

Reduceri de preţ: reprezintă scădere de preţ. În contabilitate şi în practica afacerilor sunt întâlnite două categorii de reduceri: a) Reduceri de natură comercială (sau reduceri comerciale), care au o influenţă directă asupra mărimii nete a unei facturi: rabatul; remiză; risturnul. b) Reduceri de natură financiară (sau reduceri financiare), care poartă denumirea de sconturi (numite şi sconturi de decontare sau sconturi de casă). Sub aspectul metodologiei de calcul şi contabilizare trebuie reţinute următoarele reguli:

toate reducerile de preţ sunt înscrise în factură; reducerile comerciale premerg reducerile financiare; reducerile sunt determinate în cascadă, adică procentele sau sumele absolute ale fiecărei categorii de reducere se aplică asupra "netului" anterior; în cadrul reducerilor comerciale mai întâi se calculează rabaturile şi apoi remizele şi risturnurile; scontul de decontare se aplică după ultima reducere de natură comercială, adică la netul comercial; taxa pe valoarea adăugată se calculează la ultimul "net" determinat (fie la netul comercial, dacă nu există reduceri financiare, fie la netul financiar, în caz contrar) şi se adună cu acesta pentru a obţine "totalul facturii"; reducerile comerciale, acordate iniţial, adică în momentul întocmirii facturii de vânzare cumpărare, deşi înscrise în factură, nu se contabilizează nici la furnizor, nici la client; reducerile financiare, respectiv scontul de decontare, se contabilizează ca o cheltuială financiară la cel care îl acordă (furnizorul) şi ca un venit financiar la cel care îl primeşte (clientul). În practica comercială se întâlnesc situaţii când reducerile de preţ sunt acordate ulterior facturării, deci după derularea tranzacţiei de vânzare cumpărare. Conform acestei uzanţe, reducerile comerciale şi financiare fac obiectul unor facturi de reducere.

Reducerile comerciale: îmbracă forma: rabaturilor, risturnilor şi remiselor.

Reducerile financiare: îmbracă forma sconturilor de decontare şi se acordă pentru achitarea datoriilor înaintea termenului normal de exigibilitate.

Reformele: realizate în domeniul contabilităţii după anul 1990 a determinat consacrarea unor concepte specifice precum: normalizare, armonizare, convergenţă, conformitate etc.

Regia fixă de producţie: conform O.M.F.P. 3055/2009 actualizat, constă în acele costuri indirecte de producţie care rămân relativ constante, indiferent de volumul producţiei, cum sunt: amortizarea, întreţinerea secţiilor şi utilajelor, precum şi costurile cu conducerea şi administrarea secţiilor.

Regia variabilă de producţie: conform IAS 2 „Stocuri", constă în acele costuri indirecte de producţie care variază direct proporţional sau aproape direct proporţional cu volumul producţiei, cum sunt costurile indirecte cu materiile prime şi materialele şi cu forţa de muncă.

Regimul accelerat: presupune calcularea în exerciţiul financiar (12 luni) în care imobilizările intră în activul persoanei juridice a unei amortizări de până la 50% din valoarea de intrare.

Regimul amortizării progresive: presupune calcularea amortizării anuale pe baza unor rate (norme) mai mici în primii ani şi mai mari în ultimii ani de utilizare a unei imobilizări.

Regimul amortizării regresive: este inversa metodei progresive, constând în calcularea unor rate mai mari în primii ani şi mai mici în ultimii.

Regimul de amortizare: prezintă interes pentru calculul şi înregistrarea în contabilitate a amortizării, determinând semnificative implicaţii fiscale.

Regimul degresiv: constă în suplimentarea normelor (cotelor) de amortizare liniară cu anumiţi coeficienţi (K) prevăzuţi de legislaţia în vigoare, ceea ce determină o amortizare mai accentuată în primii ani de la punerea în funcţiune.

Regimul liniar: presupune repartizarea uniformă a valorii amortizabile imobilizărilor asupra cheltuielilor de exploatare (deductibile fiscal) proporţional cu durata de viaţă utilă.

Remize: sunt reduceri acordate pentru vânzări superioare volumului convenit sau poziţia de transport preferenţială a cumpărătorului.

Rentabilitatea activelor planului: conform IAS 19 „Beneficiile angajaţilor", reprezintă dobânda, dividendele şi orice alt venit ce derivă din activele planului, împreună cu câştiguri şi pierderi realizate sau nerealizate generate de activele planului, mai puţin orice costuri pentru administrarea planului şi mai puţin orice impozit de plătit prin însuşi acest plan.

Rest de plată: se obţine scăzând din venitul net din salarii, impozitul pe salarii, avansurile acordate şi alte reţineri datorate terţilor.

Restituirea unei subvenţii: se efectuează fie prin reducerea veniturilor amânate, dacă există; fie în lipsa acestora pe seama cheltuielilor.

Restructurare: conform IAS 37 „Provizioane, datorii şi active contingente", este un program planificat şi controlat de managementul întreprinderii şi care modifică semnificativ, fie: (a) nivelul activității realizate de întreprindere; sau (b) modalitatea în care este realizată activitatea.

Reținerile: conform IAS 11 „Contracte de construcții", reprezintă valorile facturărilor în curs care nu sunt plătite până în momentul satisfacerii condițiilor specificate în contract pentru plata acestor sume sau până în momentul în care defectele identificate nu au fost remediate.

Revendicările: conform IAS 11 „Contracte de construcții", sunt sume pe care antreprenorul încearcă să le colecteze, de la beneficiar sau de la un alt terț, drept despăgubire pentru costurile neincluse în prețul contractului.

Rezervă din conversie: reflectă diferențele de curs valutar rezultate din conversia elementelor monetare legate de o investiție netă într-o entitate externă.

Rezervă din reevaluare: exprimă plusul sau minusul rezultat din reevaluarea imobilizărilor corporale.

Rezerve: se constituie în principal pe seama profitului și doar prin excepție din alte surse fiind destinate acoperirii pierderilor sau majorării capitalului, existența lor fiind condiționată de existența profitului

Rezerve din reevaluare: reprezintă plusurile de valoare create prin reevaluarea activelor imobilizate, ca diferență dintre valoarea (mai mare) rezultată în urma acestei operațiuni și valoarea înregistrată în contabilitate a elementelor de activ (mai mică).

Rezerve la valoarea justă: intervine cu ocazia ajustării rezervelor ca urmare a înregistrării și modificării de valoare rezultate din evaluarea activelor financiare disponibile pentru vânzare (în cazul situaţiilor financiare consolidate).

Rezerve legale: se constituie din profitul brut în cadrul unei limite de până la 5% dar nu mai mult de 20% din capital social vărsat. Se utilizează pentru majorarea capitalului respectiv acoperirea pierderilor. În cazul în care rezervele legale sunt utilizate pentru acoperirea pierderilor sau sunt distribuite sub orice formă, reconstituirea ulterioară nu mai este deductibilă.

Rezerve statutare: se constituie anual din profitul net obţinut de societate conform prevederilor din actele de constituire ale acesteia (statutul său actul constitutiv) fără a fi reglementate. Dacă sunt prevăzute în actele constitutive sunt obligatorii. Se utilizează pentru acoperirea pierderilor, majorarea capitalului, finanţarea investiţiilor şi se impozitează în momentul distribuirii.

Rezervele legale: se constituie din profitul brut sau din primele de capital, fiind destinate protejării capitalului.

Rezervele pentru acţiuni proprii: se constituie în situaţia în care o societate pe acţiuni şi-a răscumpărat propriile acţiuni (în procent de maxim 10% din capitalul social), cu scopul de a-şi menţine nivelul capitalului propriu.

Rezervele statutare: se constituie anual din profitul net al întreprinderilor, conform prevederilor din statutul acestora.

Rezultatul brut (Rb) al exerciţiului: obţinut prin însumarea rezultatului curent cu rezultatul extraordinar.

Rezultatul curent (Rc): obţinut prin însumarea rezultatului din exploatare cu rezultatul financiar.

Rezultatul din exploatare (R.expl): se calculează ca diferenţă între veniturile din exploatare şi cheltuielile din exploatare.

Rezultatul exerciţiului financiar: profitul sau pierderea curentă şi repartizarea profitului conform legii.

Rezultatul exerciţiului: poate fi favorabil, caz în care reprezintă un profit şi o sursă proprie de finanţare până în momentul repartizării lui pe destinaţiile legale sau statutare sau poate fi nefavorabil, caz în care reprezintă o pierdere ce trebuie acoperită. În această ultimă situaţie, rezultatul este prezentat în bilanţ cu semnul minus, micşorând capitalul propriu.

Rezultatul extraordinar (R.extr): profitul ori pierderea din activitatea extraordinară, calculat ca diferenţă între veniturile extraordinare şi cheltuielile extraordinare

Rezultatul financiar (Rf): calculat ca diferenţă între veniturile financiare şi cheltuielile financiare.

Rezultatul impozabil (Ri): se calculează ţinând cont de cheltuielile nedeductibile fiscal şi veniturile neimpozabile.

Rezultatul net (Rn): se obţine scăzând din rezultatul brut, impozitul pe profit.

Rezultatul pe segment: conform IAS 14 „Raportarea pe segmente", este diferenţa dintre venitul pe segment şi cheltuială pe segment.

Rezultatul reportat: reprezintă rezultatul financiar sau partea din rezultat a cărei afectare financiară a fost amânată de adunarea generală a acţionarilor. Rezultatul reportat poate fi pozitiv, cazul beneficiilor nerepartizate, sau negativ, adică pierderi constatate la închiderea exerciţiilor anterioare, neacoperite încă din punct de vedere financiar.

Riscul de credit: conform O.M.F.P. 3055/2009 actualizat, este riscul ca una dintre părţile instrumentului financiar să nu execute obligaţia asumată, cauzând celeilalte părţi o pierdere financiară.

Riscul de lichiditate: conform O.M.F.P. 3055/2009 actualizat, (numit şi riscul de finanţare), este riscul ca o entitate să întâlnească dificultăţi în procurarea fondurilor necesare pentru îndeplinirea angajamentelor aferente instrumentelor financiare. Riscul de lichiditate poate rezulta din incapacitatea de a vinde repede un activ financiar la o valoare apropiată de valoarea sa justă.

Riscul ratei dobânzii la fluxul de numerar: conform O.M.F.P. 3055/2009 actualizat, este riscul ca fluxurile de numerar viitoare să fluctueze din cauza variaţiilor ratelor de piaţă ale dobânzii.

Risturn: reducere de preţ calculată asupra ansamblului de operaţii cu acelaşi terţ în cadrul unei perioade determinat.

S

Salariul: reflectă prețul muncii prestate în temeiul contractului individual de muncă exprimat, de regulă, în bani.

Salariul brut: reprezintă toate veniturile brute din muncă, constând din salariul de bază, precum și din adaosurile salariale corespunzatoare cu munca prestată.

Salariul de bază: este acea formă a salariului venit, care, teoretic, se determină în funcție de salariul minim real. Practic, salariul de bază se calculează prin înmulțirea tarifului salarial orar negociat cu numărul de ore lucrate într-o lună sau în alt segment de timp.

Salariul net: reprezintă sumele de bani pe care salariatul le încasează, acestea rezultând din salariul brut corectat cu diminuările obligatorii conform legii (impozite pe salarii, taxe etc.).

Scadență: este data la care expiră termenul de achitare a unei datorii sau de efectuare a unei operații financiare.

Schimb valutar: operațiune prin care o sumă de bani se transformă într-o altă monedă, la un anumit curs de schimb.

Scontarea: operația prin care tranzacțiile dintre agenții economici se realizează pe bază de titluri de credit, plata efectuându-se înainte de scadență atunci când posesorul unui efect comercial se prezintă la bancă, solicitând plata efectului înaintea scadenței.

Scontul: reprezintă suma de bani sub formă de dobânzi, la care se adaugă și un comision pentru compensarea cheltuielilor de scontare ce se cuvine unității bancare pentru plata efectelor comerciale înainte de scadență.

Scontul comercial: operațiunea prin care în schimbul unui efect de comerț (cambie, bilet la ordin), instituția de credit pune la dispoziția posesorului creanței, valoarea efectului, mai puțin agio (taxa de scont și comisioanele aferente), fără a aștepta scadența efectului respectiv, iar instituția are drept de recurs asupra beneficiarului fondurilor.

Scrisoarea de garanție: acea scrisoare ce se folosește atunci când agenții economici nu au disponibil în cont și solicită băncii să le asigure cu anticipație credite din care să poată efectua anumite plăți. Se folosește atunci când agenții economici nu au disponibil în cont și solicită băncii să le asigure cu anticipație credite din care să poată efectua anumite plăți. Astfel băncile eliberează plătitorilor scrisori de garanție prin care se confirmă că pentru anumite cazuri bine determinate vor asigura pe o anumită perioadă și în limita unor sume prestabilite resurse necesare efectuării plăților.

Segment de activitate: conform IAS 14 „Raportarea pe segmente", este o componentă distinctă a unei entități ce este angajată în furnizarea unui produs individual sau a unui serviciu, sau a unui grup de produse, sau servicii conexe și care este subiectul riscurilor și beneficiilor ce sunt diferite de acelea din alte segmente de activitate.

Segment geografic: conform IAS 14 „Raportarea pe segmente", este o componentă distinctă a unei entităţi, ce este angajat în furnizarea de produse şi servicii într-un mediu economic specific şi care este subiectul riscurilor şi beneficiilor ce sunt diferite de acelea ale componentelor ce operează în alte medii economice.

Segment raportabil: conform IAS 14 „Raportarea pe segmente", este un segment de activitate sau un segment geografic identificat pe baza definiţiilor anterioare, pentru care acest Standard cere prezentarea informaţiei pe segment.

Semifabricate: conform O.M.F.P. 3055/2009 actualizat, sunt produsele al căror proces tehnologic a fost terminat într-o secţie (fază de fabricaţie) şi care trec în continuare în procesul tehnologic al altei secţii (faze de fabricaţie) sau se livrează terţilor.

Semnificaţia contabilă a amortizării: este legată de corectarea (reducerea) valorii imobilizărilor ca urmare a utilizării lor, a acţiunii unor factori externi (naturali şi de progres tehnic) sau a unor prevederi legale (în cazul unor imobilizări necorporale).

Serviciile: activităţi oferite de către persoane calificate şi specializate în diverse domenii, altor persoane, pentru satisfacerea anumitor nevoi sociale ale acestora sau pentru efectuarea unor activităţi care nu se materializează în produse.

Sistem fiscal: un ansamblu de cerinţe si principii referitoare la dimensionarea aşezarea şi perceperea impozitelor precum şi la obiectivele social economice urmărite de politica fiscală.

Sistemul contabil: 1. reprezintă ansamblul de axiome, principii, norme și reguli de evaluare a unei unități prin care operațiunile economico financiare sunt prelucrate prin instrumentări tehnice contabile. Sistemul contabil identifică, corelează, calculează, analizează, înregistrează și oferă toate informațiile cu privire la tranzacțiile sau evenimentele care au avut loc în unitate într-o perioadă determinată de timp. 2. Ansamblul de proceduri și documente utilizate de o întreprindere care permit tratarea tranzacțiilor în scopul înregistrării lor în conturi. Acest sistem permite identificarea, analiza, calculul, clasificarea, înregistrarea și recapitulația evenimentelor și tranzacțiilor.

Sistemul de conturi: reprezintă sintaxa întregului mecanism de reprezentare și calcul al situației patrimoniului și al rezultatului obținut. Reprezintă un instrument prin care se reflectă, valoric, patrimoniul unei întreprinderi, în totalitatea lui și pe părți componente, relațiile dintre elementele patrimoniale, procesele economice și sursele de finanțare ale acestora. Reprezintă matricea întregului sistem de conturi în cadrul căreia fiecare cont, de diverse grade de cuprindere a elementelor patrimoniale este delimitat printr-o denumire și simbol cifric fiind încadrat într-o clasă și grupă în raport cu un anumit criteriu de clasificare.

Sistemul informațional contabil: poate fi definit ca fiind ansamblul mijloacelor, procedeelor și metodelor utilizate pentru colectarea, consemnarea, prelucrarea, transmiterea, utilizarea și stocarea informațiilor contabile.

Situația activelor imobilizate: oferă informații privind soldurile și mișcările anuale ale imobilizărilor necorporale,

corporale și financiare cu referire la valoarea lor brută, amortizări și provizioane pentru depreciere.

Situația fluxului de numerar condensat: conform IAS 34 „Raportarea financiară interimară", este o situație cumulativă pentru exercițiul financiar curent până la zi și o situație comparativă pentru perioada interimară comparabilă a exercițiului financiar precedent.

Situația fluxurilor de trezorerie: este o componentă a situațiilor financiare anuale.

Situația modificărilor capitalului propriu: prezintă modificările capitalului propriu între începutul și sfârșitul unui exercițiu financiar. Reflectă creșterea sau reducerea (variația) activului net sau a avuției întreprinderii între începutul și sfârșitul perioadei contabile cu excepția modificărilor rezultate din tranzacții cu acționarii (aporturi de capital, acordare de dividende).

Situația netă: se determină ca diferență dintre activul total și datoriile totale angajate de întreprindere. Înregistrarea unei situații nete pozitive și în creștere de la un an la altul se traduce prin: a) realizarea parțială sau integrală a obiectivului major al întreprinderii (maximizarea valorii); b) reinvestirea (parțială) a profitului; c) fructificarea superioară a activului net; d) o îmbogățire a acționarilor.

Situațiile condensate ale modificărilor capitalurilor proprii: conform IAS 34 „Raportarea financiară interimară", sunt situații cumulative pentru exercițiul financiar curent până la zi, și comparative pentru perioada interimară comparabilă a exercițiului financiar precedent.

Situaţiile financiare: 1. conform IAS 1 Prezentarea situaţiilor financiare, sunt o reprezentare financiară structurată a poziţiei şi performanţelor financiare ale unei întreprinderi. 2. Semnifică o reprezentare structurată a informaţiilor financiare, care de obicei include şi notele însoţitoare, derivate din înregistrările contabile şi menite să comunice resursele economice sau obligaţiile entităţii la un anumit moment dat, sau modificările intervenite în cadrul acestora într-o perioadă de timp, în conformitate cu un cadru de raportare financiară. Termenul se poate referi la un set complet de situaţii financiare, dar se poate referi, de asemenea, la o singură prezentare financiară, spre exemplu, un bilanţ sau o declaraţie a veniturilor şi cheltuielilor şi notele explicative aferente.

Situaţiile financiare anuale: reprezintă structura poziţiei financiare, a performanţelor, modificării poziţiei financiare, a fluxurilor de trezorerie şi a modului de gestionare a resurselor entităţii ce privesc exerciţiul financiar încheiat.

Situaţiile financiare consolidate: conform IAS 27 „Situaţii financiare consolidate şi contabilitatea investiţiilor în filiale", sunt situaţiile financiare ale unui grup prezentate ca şi în cazul unei întreprinderi unice.

Societate în comandită simplă: are două tipuri de asociaţi: comanditaţi şi comanditari. Faţă de asociaţii comanditari, asociaţii comanditaţi au în plus dreptul de administrare a societăţii. Din punct de vedere al obligaţiei pentru operaţiunile societăţii, comanditaţii răspund solidar şi nemărginit, în timp ce riscul comanditarilor se limitează la capitalul subscris. Comanditarul are dreptul de a cere o copie a bilanţului contabil şi contului de profit şi pierdere, precum

160

şi dreptul de a cerceta autenticitatea acestora pe baza documentelor justificative.

Societate comercială: este o grupare de persoane constituită pe baza unui contract de societate şi beneficiind de personalitate juridică, în care asociaţii se înţeleg să pună în comun anumite bunuri, pentru exercitarea unor fapte de comerţ, în scopul realizării şi împărţirii beneficiilor rezultate.

Societate cu răspundere limitată: poate fi definită ca o societate constituită pe baza deplinei încrederi, de două sau mai multe persoane, care pun în comun anumite bunuri, pentru a desfăşura o activitate comercială, în vederea împărţirii beneficiilor, şi care răspund pentru obligaţiile sociale în limita aporturilor lor.

Societate de leasing: societatea comercială care are în obiectul de activitate desfăşurarea operaţiunilor de leasing şi un capital social minim, subscris şi vărsat integral la înfiinţare, conform legislaţiei în vigoare.

Societate în comandită pe acţiuni: păstrează caracteristicile societăţii în comandită simplă, cu menţiunea divizării capitalului social în acţiuni. Administratorii pot fi revocaţi de către adunarea generală a asociaţilor, iar un asociat ales administrator devine automat asociat comanditat.

Societate în nume colectiv (S.N.C.): are drept caracteristică obligaţia solidară (în egală măsură) şi nemărginită (cu întregul patrimoniu) a asociaţilor pentru operaţiunile desfăşurate în numele societăţii. Hotărârea judecătorească obţinută împotriva societăţii este opozabilă fiecărui asociat.

Societate mamă: conform IAS 22 „Combinări de întreprinderi", este o întreprindere care are una sau mai multe filiale.

Societate pe acţiuni: acea societate constituită prin asocierea mai multor persoane, care participă la formarea capitalului social prin anumite contribuţii reprezentate prin acţiuni, în vederea desfăşurării unei activităţi comerciale, pentru realizarea unor beneficii şi împărţirea lor, şi care răspund pentru obligaţiile sociale nelimitat şi solidar, în cazul asociaţilor comanditaţi, şi numai în limita aportului lor, în cazul asociaţilor comanditari.

Sold: suma deţinută într-un cont curent, de depozit sau de economii, respectiv suma care este datorată în cazul unui împrumut.

Sold creditor (SC): rezultă din diferenţa dintre totalul sumelor creditoare şi totalul sumelor debitoare, dacă totalul sumelor creditoare este mai mare decât totalul sumelor debitoare.

Sold debitor (SD): rezultă din diferenţa dintre totalul sumelor debitoare şi totalul sumelor creditoare, dacă totalul sumelor debitoare este mai mare decât totalul sumelor creditoare.

Sold iniţial: reprezintă extrasul unui cont la începutul perioadei de gestiune. Se preia din bilanţul de deschidere a exerciţiului financiar.

Soldul contului: reprezintă existentul valoric stabilit la un moment dat la elementul pentru care s-a deschis contul.

Solvabilitate: capacitatea unui agent economic de a plăti datoria pe care o are faţă de un creditor, la termenul de plată stabilit în prealabil.

Sporurile: sume de bani plătite salariaţilor peste salariul de bază (tarifar) pentru condiţii deosebite de muncă (toxicitate, vechime în muncă etc.).

Standarde internaţionale de contabilitate: cuprind Standardele Internaţionale de Contabilitate (IAS), Standardele Internaţionale de Raportare Financiară (IFRS) şi Interpretările aferente (interpretări SIC IFRIC), amendamentele ulterioare la aceste standarde şi interpretări aferente, şi standardele şi interpretările aferente viitoare emise sau adoptate de Consiliul pentru Standarde Internaţionale de Contabilitate (IASB).

Standarde naţionale sau locale: elaborate de fiecare ţară în raport de standardele internaţionale şi Directivele europene. Geografia contabilă a acestor standarde este refluxul simultan al identităţilor naţionale, al tradiţiei contabile al situaţiilor socio–economice şi al efectelor de dominare culturală pe plan internaţional. De asemenea, conceperea, elaborarea şi adoptarea standardelor naţionale este un proces politico-strategic în cadrul căruia fiecare ţară îşi apără interesele.

Standardele contabile Europene: sunt elaborate de Uniunea Europeană, fiind formalizate prin Directiva a IV-a care cuprinde normele privind întocmirea şi prezentarea conturilor anuale sociale (ale societăţilor comerciale); Directiva a VII-a care reglementează conturile consolidate întocmite de grupul de întreprinderi şi Directiva a VIII-a privind profesia liberă contabilă orientată spre auditarea conturilor anuale. Sfera și caracteristicile Directivelor europene sunt circumscrise la zona țărilor membre ale Uniunii Europene, iar aplicarea lor este obligatorie deoarece reprezintă o sursă de drept contabil.

Standardele Internaționale de Raportare Financiară (IFRS): conform IAS 1 „Prezentarea situațiilor financiare", reprezintă Standarde și Interpretări adoptate de Consiliul pentru Standardele Internaționale de Contabilitate (IASB). Ele cuprind: Standardele Internaționale de Raportare Financiară; Standardele Internaționale de Contabilitate; și Interpretările emise de Comitetul pentru Interpretarea Standardelor Internaționale de Raportare Financiară (IFRIC) sau fostul Comitet Permanent pentru Interpretarea Standardelor (SIC).

Standardul contabil: reprezintă o recomandare sau un ansamblu de reguli care reglementează evaluarea și recunoașterea în contabilitate și elaborarea și prezentarea informației contabile în situațiile financiare.

Stat de salarii: este un formular tipizat fără regim special.

Stocuri aflate în proprietatea întreprinderii: se găsesc fie în depozitele sau spațiile proprii, (depozite, magazii, magazine, locuri de producție), fie la terți (materii și materiale aflate la terți, produse aflate la terți, mărfuri în custodie sau consignație la terți, etc).

Stocurile: sunt active circulante deținute pentru a fi vândute, în curs de producție în vederea vânzării sau sub formă de materii prime, materiile și alte consumabile ce urmează a fi folosite în procesul tehnologic sau pentru prestarea de servicii.

Stocurile: conform IAS 2 „Stocuri" sunt active: (a) deţinute în vederea vânzării pe parcursul desfăşurării normale a activităţii; (b) în curs de producţie în vederea unei astfel de vânzări; sau (c) sub formă de materiale şi alte consumabile ce urmează a fi folosite în procesul de producţie sau pentru prestarea de servicii.

Stocurile: 1. conform O.M.F.P. 3055/2009 actualizat, sunt active circulante deţinute pentru a fi vândute pe parcursul desfăşurării normale a activităţii; în curs de producţie în vederea vânzării în procesul desfăşurării normale a activităţii; sau sub formă de materii prime, materiale şi alte consumabile care urmează să fie folosite în procesul de producţie sau pentru prestarea de servicii. 2. conform Reglementările din Standardele Internaţionale de Contabilitate): activele (1) deţinute pentru a fi vândute pe parcursul desfăşurării normale a activităţii; (2) în curs de producţie în vederea vânzării în condiţiile prezentate la (1); sau (3) sub formă de materii prime, materiale şi alte consumabile ce urmează a fi folosite în procesul de producţie sau pentru prestarea de servicii. 3. Reprezintă ansamblul bunurilor şi serviciilor din cadrul întreprinderii deţinute fie pentru a fi vândute în aceeaşi stare sau după prelucrarea lor în procesul de producţie, fie pentru a fi consumate la prima lor utilizare.

Stocurile aflate la terţi: reprezintă diverse bunuri de natura stocurilor aflate în proprietatea întreprinderii, dar care fizic se găsesc în custodie, prelucrare, consignaţie la terţi.

Stornarea: un mod specific contabilităţii de corectare a erorilor intervenite la înregistrarea tranzacţiilor în conturi. Înregistrările contabile nu pot fi corectate prin ştergerea sau tăierea sumelor înregistrate în conturi şi înscrierea sumelor corecte. Astfel formulele contabile de stornare (de corectare) pot fi: 1. formule contabile de stornare în negru și 2. formule contabile de stornare în roșu.

Stornarea în negru: pentru corectarea unei înregistrări greșite, se inversează articolul contabil greșit. În felul acesta se obține anularea înregistrării anterioare. Apoi se întocmește articolul contabil corect.

Stornarea în roșu: o suma scrisă cu culoare roșie sau în lipsa acesteia, încadrată cu un chenar, este considerată cu semnul minus (-) și se scade din totalul sumelor înscrise în mod obișnuit în negru.

Subscrierea capitalului: este operația prin care subscriptorul declară și semnează pentru suma de bani și valoarea bunurilor cu care se angajează să participe la constituirea unei societăți comerciale.

Subunități fără personalitate juridică (*care aparțin persoanelor juridice cu sediul sau domiciliul în România*): conform O.M.F.P. 3055/2009 actualizat sunt sucursale, agenții, reprezentanțe sau alte asemenea unități fără personalitate juridică, înființate potrivit legii.

Subvenții aferente activelor: conform IAS 20 „Contabilitatea subvențiilor guvernamentale și prezentarea informațiilor legate de asistența guvernamentală", reprezintă subvenții guvernamentale, pentru acordarea cărora principala condiție este ca întreprinderea beneficiară să cumpere, să construiască sau să achiziționeze active imobilizate. De asemenea, pot exista și condiții secundare care restricționează tipul sau amplasarea activelor, sau perioadele în care acestea urmează a fi achiziționate, sau deținute.

Subvenţii aferente activelor: conform O.M.F.P. 3055/2009 actualizat, reprezintă subvenţii pentru acordarea cărora principala condiţie este ca entitatea beneficiară să cumpere, să construiască sau achiziţioneze active imobilizate

Subvenţii aferente veniturilor: cuprind toate subvenţiile guvernamentale diferite de cele pentru active.

Subvenţii aferente veniturilor: conform IAS 20 „Contabilitatea subvenţiilor guvernamentale şi prezentarea informaţiilor legate de asistenţa guvernamentală", cuprind toate subvenţiile guvernamentale diferite de cele pentru active. Împrumuturile nerambursabile sunt împrumuturi ale căror creditor se angajează să dispenseze debitorul de rambursarea acestora, dacă se îndeplinesc anumite condiţii prestabilite.

Subvenţii de echipament: reprezintă subvenţiile ce se înscriu în bilanţ, constituind fonduri proprii.

Subvenţii de exploatare: reprezintă subvenţiile ce se înregistrează în contul de rezultate, reprezentând încasări.

Subvenţiile: în general reprezintă un ajutor bănesc nerambursabil acordat de stat sau de o organizaţie unei entităţi ori persoane în scopul atenuării efectelor sociale ale modificărilor economice de structură. Subvenţiile reprezintă sume sau bunuri primite cu titlu gratuit.

Subvenţiile guvernamentale: 1. reprezintă asistenţa acordată de guvern sub forma unor transferuri de resurse către o întreprindere în schimbul respectării, în trecut sau în prezent, a anumitor condiţii referitoare la activitatea de exploatare a acestei societăţi. Subvenţiile nu cuprind acele

167

forme de asistenţă guvernamentală cărora nu li se poate atribui o anumită valoare, precum şi acele tranzacţii cu guvernul care nu se pot distinge de operaţiunile comerciale normale ale întreprinderii. 2. Conform IAS 20 „Contabilitatea subvenţiilor guvernamentale şi prezentarea informaţiilor legate de asistenţa guvernamentală") reprezintă asistenţă acordată de guvern, sub forma unor transferuri de resurse către o întreprindere în schimbul respectării, în trecut sau în viitor, a anumitor condiţii referitoare la activitatea de exploatare a acestei întreprinderi. Subvenţiile exclud, acele forme de asistenţă guvernamentală cărora nu li se poate atribui, în mod rezonabil, o anumită valoare, precum şi acele tranzacţii cu guvernul, care nu se pot distinge de operaţiunile comerciale normale ale întreprinderi.

Subvenţiile pentru investiţii: 1. surse de finanţare alocate de la bugetul statului sau din alte surse nerambursabile, de care beneficiază o întreprindere, destinate achiziţionării sau producerii de echipamente sau alte bunuri de natura imobilizărilor, unor activităţi pe termen lung sau pentru acoperirea unor cheltuieli de natura investiţiilor. 2. Surse de finanţare alocate de la bugetul de stat sau din alte surse nerambursabile, de care beneficiază o întreprindere, destinate achiziţionării sau producerii de echipamente sau alte bunuri de natura imobilizărilor, unor activităţi pe termen lung sau pentru acoperirea unor cheltuieli de natura investiţiilor.

Sume datorate asociaţilor: ţine evidenţa sumelor lăsate temporar la dispoziţia unităţii de către asociaţi şi înregistrează în credit sumele puse de asociaţi la dispoziţia societăţii 5121 şi 5311 iar în debitul contului sumele restituite asociaţilor.

Sume în curs de decontare: sume provenite din locaţii de gestiune, chirii, cheltuieli de judecată etc.

Surplus din reevaluare: rezultatul reevaluării este o descreştere a valorii contabile nete atunci când aceasta se tratează ca o cheltuială cu întreaga valoare a deprecierii, dacă în rezerva din reevaluare nu este înregistrată o sumă referitoare la acele active.

Surse de finanţare: noţiunea evidenţiază raporturile de proprietar în cadrul cărora se dobândesc bunurile economice ca obiecte de drepturi şi obligaţii. Sursele de finanţare sau sursele economice arată finanţarea capitalului sau modul de procurare a fondurilor.

T

Tabloul de finanțare: instrument al analizei dinamice prin care sunt prezentate fluxurile de utilizări și de resurse, trecute sau previzionale ale întreprinderii cu respectarea echilibrului contabil.

Tehnica înregistrării directe: regula în construirea conturilor necesare reflectării circuitului patrimonial. Potrivit acestei tehnici există o congruență între mișcarea reală economică sau financiară și oglindirea ei în conturi. Cele două conturi corespondente care se debitează și se creditează corespund celor două elemente patrimoniale între care se stabilește raportul de echivalență specific mișcării de valoare economică.

Tehnica înregistrării indirecte: folosită pentru reflectarea pe o cale intermediară a mișcării economice sau financiare. În acest scop sunt utilizate conturi distincte de cele care s-ar putea asocia direct elementelor patrimoniale modificate.

Terenurile: 1. reprezintă imobilizări corporale ce cuprind două categorii: terenuri și amenajări de terenuri. Terenurile au durată de utilizare nelimitată, fiind singurele elemente ale imobilizărilor corporale care nu se supun amortizării. În schimb, investițiile efectuate pentru amenajarea terenurilor și alte lucrări similare se supun amortizării. 2. sunt reprezentate prin suprafețe de pământ afectate durabil unor activități agricole silvice sau unor construcții.

171

Termen de plată: reprezintă termenul la care cumpărătorul și vanzătorul consimt să-și achite obligațiile.

Terții: reprezintă sursa de finanțare externă pusă la dispoziția întreprinderii de instituțiile financiare.

Titlu de credit: înscris în temeiul căruia posesorul său legitim este în drept să exercite la o dată determinată, dreptul arătat în înscris.

Titlu executoriu: înscris întocmit de organul competent și în condițiile prevăzute de lege, în baza căruia se poate efectua executarea silită.

Titlul contului: exprimă conținutul economic al elementului bilanțier (bun economic, sursă de finanțare, proces economic sau rezultat financiar) a cărui evidență se ține cu ajutorul contului respectiv.

Titlul de valoare: este un înscris, imprimat, semnat, transmisibil și negociabil care face dovada tranzacției financiare și a cărei posesiune conferă drept de creanță sau asociere.

Titlul oneros: este un act juridic prin care o persoană se obligă să execute o prestație fără a urmări să primească ceva în schimb.

Titluri de capital: acțiuni și alte valori mobiliare asimilabile acțiunilor, precum și orice alt tip de valori mobiliare, conferând dreptul de a le dobândi ca urmare a unei conversii sau a exercitării acestui drept, în măsura în care valorile din a doua categorie sunt emise de același emitent sau de către o entitate care aparţine grupului din care face parte respectivul emitent.

Titluri de plasament: sunt investiţiile financiare pe termen scurt.

Titluri de proprietate: cumpărătorul acţiunilor unei societăţi comerciale, respectiv posesorul acestora, devine copropietar al întreprinderii respective, fapt pentru care acţiunile reprezintă pentru el titluri de proprietate.

Titlurile de creanţă: includ bonuri de tezaur şi certificate de depozit.

Titlurile de imobilizări: reprezintă titluri dobândite, în vederea realizării de venituri financiare, fără însă a putea interveni în gestiunea societăţii emitente.

Titlurile de participare: reprezintă drepturi sub formă de acţiuni şi alte titluri de venit variabil deţinute de o societate în capitalul altor societăţi comerciale a căror deţinere pe o perioadă îndelungată este considerată utilă acesteia.

Titlurile de participare şi interesele de participare: reprezintă drepturile sub formă de acţiuni sau alte titluri de valoare în capitalul altor întreprinderi, care asigură întreprinderii deţinătoare exercitarea controlului, respectiv a unei influenţe semnificative în gestiunea întreprinderii emiţătoare de titluri. Ele pot fi deţinute şi din alte motive strategice.

Titlurile de participare şi interesele de participare: reprezintă drepturile sub formă de acţiuni sau alte titluri de valoare în capitalul unor întreprinderi, care asigură întreprinderii deţinătoare exercitarea controlului, respectiv a unei influenţe semnificative în gestiunea întreprinderii emiţătoare de titluri. Ele pot fi deţinute şi din alte motive strategice.

Titlurile de stat: sunt înscrisuri emise de Ministerul de Finanţe ce se constituie în împrumuturi ale statului în moneda naţională şi/sau în valuta de la populaţie şi persoane juridice.

Total sume creditoare (TSC): sunt obţinute prin adunarea rulajelor creditoare cu sumele care exprimă, în partea de credit, soldul iniţial reflectat de cont la începutul perioadei de gestiune.

Total sume debitoare (TSD): sunt obţinute prin adunarea rulajelor debitoare cu sumele care exprimă, în partea de debit, soldul iniţial reflectat de cont la începutul perioadei de gestiune.

Transfer: orice vânzare, cesiune sau înstrăinare a dreptului de proprietate, precum şi schimbul unui drept de proprietate cu servicii ori cu un alt drept de proprietate.

Transfer de active: se referă la o multitudine de resurse tangibile şi intangibile care facilitează dezvoltarea unei activităţi economice care urmăreşte un obiectiv precis.

Transformarea biologică: conform IAS 41 „Agricultura", cuprinde procesele de creştere, transformare genetică, producere şi procreare care aduc modificări calitative sau cantitative unui activ biologic.

Tranzacţia: înţelegerea încheiată între două sau mai multe părţi, pe bază de concesii reciproce, asupra transmiterii unor drepturi sau asupra schimbului de mărfuri.

Tranzacţie prognozată: conform IAS 39 „Instrumente financiare – Recunoaştere şi evaluare", este o tranzacţie viitoare neangajată, dar anticipată.

Tranzacţii cu părţi afiliate: conform IAS 24 „Prezentarea informaţiilor referitoare la tranzacţiile cu părţile afiliate", un transfer de resurse, servicii sau obligaţii între părţi afiliate, indiferent dacă pentru acestea se percepe un preţ sau nu.

Trata: este cambia emisă de debitor în favoarea unui creditor prin care dispune să se plătească o sumă de bani, la o anumită dată într-un loc stabilit.

Trezoreria întreprinderii: însumează resursele lichide compuse din: numerar în casierie, disponibil la bănci, titluri de plasament, credite bancare contractate pe termen scurt şi alte valori de trezorerie.

Taxa: reprezintă plata efectuată în favoarea bugetului de stat de către diferite persoane fizice sau juridice, în cazul în care acestea se bucură de anumite servicii prestate de organele de stat. Suma de bani plătită unor instituţii pentru a dobândi de la ele anumite drepturi sau servicii. Forma de impozit perceput pentru anumite marfuri.

Taxa pe valoarea adăugată (TVA): este un impozit indirect suportat de consumatorul final al bunului/serviciului respectiv. TVA este un impozit încasat în cascadă de fiecare agent economic care participă la ciclul economic al realizării unui produs sau prestării unui serviciu care intră în sfera de impozitare.

Taxă colectată: reprezintă taxa aferentă livrărilor de bunuri și/sau prestărilor de servicii taxabile, efectuate de persoana impozabilă, precum și taxa aferentă operațiunilor pentru care beneficiarul este obligat la plata taxei.

Taxă deductibilă: reprezintă suma totală a taxei datorate sau achitate de către o persoană impozabilă pentru achizițiile efectuate.

TVA de plată: reprezintă diferența dintre TVA colectat și cel deductibil, dacă TVA colectat > TVA deductibil atunci avem TVA de plată.

TVA de recuperat: reprezintă diferența dintre TVA colectat și TVA deductibil.

TVA neexigibilă: TVA în așteptarea aferentă mărfii pe stoc, ce devine exigibilă (colectată), în momentul în care se vinde marfa.

U

Unitate: document de dispoziție prin care o unitate economică dă dispoziție băncii să plătească delegatului său (casier) o sumă de bani, document de dispoziție prin care unitatea economică dă dispoziție băncii să-i achite obligațiile față de furnizori.

Unitate generatoare de numerar: conform IAS 36 „Deprecierea activelor", este cel mai mic grup identificabil de active care generează intrări de numerar din utilizarea continuă, intrări care sunt în mare masură independente de intrările de numerar generate de alte active sau grupuri de active.

Uniune de interese: conform IAS 22 „Combinări de întreprinderi", este o combinare de întreprinderi în care acționarii întreprinderilor participante la combinare își reunesc controlul asupra ansamblului activelor nete și operațiunilor cu scopul de a partaja riscurile și beneficiile generate de entitatea rezultantă, astfel încât nici una din părți nu poate fi identificată drept dobânditor.

Utilizatorii externi: sunt reprezentați prin utilizatorii informațiilor din situațiile financiare respectiv: investitori, angajați, creditori financiari și comerciali, furnizori, clienți, guvern și instituțiile sale, publicul și nu în ultimul rând managementul entității economice.

Utilizatorii situaţiilor financiare: conform O.M.F.P. 3055/2009 actualizat, reglementările includ investitorii actuali şi potenţiali, personalul angajat, creditorii, furnizorii, clienţii, instituţiile statului şi alte autorităţi, precum şi publicul.

Uzura fizică a mijlocului fix: reprezintă pierderea treptată a proprietăţii lui tehnice de exploatare, ca urmare a folosirii productive şi a factorilor naturali. În afara deprecierii mijloacelor fixe, datorită uzurii fizice, acesta este supus şi uzurii morale. Cauza generală a acestei uzuri este progresul tehnic care, de regulă, este însoţit de creşterea productivităţii. Deci, se poate spune că uzura morală nu poate fi evitată. În puterea întreprinderilor stă capacitatea de a reduce efectele negative, pierderile datorate acestei uzuri.

Uzura morală: pierdere a valorii maşinilor, instalaţiilor, clădirilor etc. ca urmare a creşterii productivităţii muncii sociale sau a apariţiei altor maşini, mai perfecţionate.

V

Valoare amortizabilă: reprezintă costul activului sau o altă valoare substituită costului în situațiile financiare din care s-a scăzut valoarea reziduală.

Valoare materială: se referă la valoarea reprezentată prin bani sau prin alte bunuri economice acumulate sau rezervate pentru un anumit scop.

Valoare realizabilă netă a stocurilor: conform O.M.F.P. 3055/2009 actualizat, se înțelege prețul de vânzare estimat care ar putea fi obținut pe parcursul desfășurării normale a activității, minus costurile estimate pentru finalizarea bunului, atunci când este cazul, și costurile estimate necesare vânzării.

Valoare specială: este un termen legat de un element de valoare extraordinar, superior valorii de piață. Valoarea specială ar putea apare, de exemplu, prin asocierea fizică, funcțională sau economică cu altă proprietate. Este creșterea de valoare ce s-ar putea aplica unui anumit proprietar sau utilizator existent sau în perspectivă; acesta este un cumpărător cu interese speciale. Valoarea specială poate fi asociată cu elemente de valoare a afacerii.

Valoarea actualizată a unei obligații privind beneficiul determinat: conform IAS 19 „Beneficiile angajaților", este valoarea actualizată, fără scăderea oricăror active ale planului, a plăţilor viitoare previzionate cerute pentru a stinge obligaţia ce rezultă din serviciul angajatului în perioadele curente şi anterioare.

Valoarea actualizată actuarială a pensiilor promise conform IAS 26 „Contabilizarea şi raportarea planurilor de pensii", este valoarea actualizată a plăţilor previzional printr-un plan de pensii pentru angajatii curenţi şi foştii angajaţi, atribuibilă serviciului deja prestat.

Valoarea ajustată: valoarea diminuată a activelor care s-au depreciat. Ea se estimează în funcţie de intenţia întreprinderii de a păstra activul în scopul utilizării sau nu în producţie.

Valoarea bilanţieră: se determină prin compararea valorii contabile nete cu valoarea de inventar. Rezultatul comparaţiei poate conduce la: 1. plus de valoare care conform principiului prudenţei referitor la active, nu se înregistrează în contabilitate, 2. minus de valoare care, conform principiului prudenţei, se consemnează printr-un supliment de amortizare în cazul deprecierii ireversibile (de exemplu mijloacele fixe inutilizabile, propuse pentru casare) sau prin provizioane (reduceri) pentru depreciere dacă deprecierea este reversibilă.

Valoarea contabilă (Vc): este valoarea la care activele imobilizate se prezintă în situaţiile anuale. Se obţine prin deducere din valoarea de intrare a amortizărilor şi ajustărilor pentru deprecieri.

Valoarea contabilă: conform IAS 38 „Imobilizări necorporale", este suma la care un activ este recunoscut în bilanţ, după deducerea oricăror amortizări acumulate şi a oricăror pierderi din depreciere acumulate.

Valoarea contabilă a unui activ: conform O.M.F.P. 3055/2009 actualizat, este valoarea la care acesta este recunoscut după ce se deduc amortizarea acumulată, pentru activele amortizabile şi ajustările acumulate din depreciere sau pierdere de valoare.

Valoarea de cumpărare: reprezintă efortul monetar făcut de întreprindere pentru a intra în posesia unui activ şi se bazează pe preţul de achiziţie, inclusiv cheltuielile cu fiscalitatea, transportul şi comisioanele.

Valoarea de emisiune (VE): preţul ce trebuie plătit de cei care subscriu acţiuni sau părţi sociale.

Valoarea de emisiune a obligaţiunilor: reprezintă valoarea plătită de către subscriitori în momentul emiterii obligaţiunilor.

Valoarea de intrare: se determină în funcţie de modalitatea de intrare şi poate fi reprezentată de: costul de achiziţie, costul de producţie, valoarea de aport, valoarea de utilitate.

Valoarea de inventar: este valoarea actuală stabilită în funcţie de utilitatea activului, starea, amplasarea şi preţul pieţei.

Valoarea de investiţie: reprezintă valoarea unei proprietăţi pentru un anumit investitor sau grup de investitori în scopul de a atinge anumite obiective de investiţii. Acest concept subiectiv leagă o anumită proprietate de un anumit investitor sau grup de investitori cu obiective şi /sau criterii de investiţii definite.

Valoarea de piaţă: conform IAS 32 „Instrumente financiare", este valoarea ce se obţine din vânzarea (sau se plăteşte la achiziţia) unui instrument financiar pe o piaţă activă.

Valoarea de piaţă (VP): este suma ce se obţine din vânzarea/sau se plăteşte la achiziţia unei acţiuni pe o piaţă activă.

Valoarea de randament (Vr): este valoarea corespunzătoare profitului net pe o acţiune care se poate capitaliza în cursul exerciţiului având în vedere o rată.

Valoarea de răscumpărare: preţul la care vor fi răscumpărate sau rambursate obligaţiunile cu o valoare medie a dobânzii de piaţă.

Valoarea de utilizare: conform IAS 36 „Deprecierea activelor", este valoarea actualizată a fluxurilor viitoare de numerar ce se aşteaptă să fie obţinute dintr-un activ sau unitate generatoare de numerar.

Valoarea financiară (VF): exprimă echivalentul corespunzător capitalizării dividentului anual pe o acţiune la o rată medie a dobânzii pe piaţă.

Valoarea justă: valoarea reprezentă prin suma pentru care un activ ar putea fi schimbat de bunăvoie între două părţi aflate în cunoştinţă de cauză, în cadrul unei tranzacţii (în) unde preţul este determinat în mod obiectiv (valoarea de piaţă determinată de evaluator).

Valoarea justă: conform IAS 1 Prezentarea situaţiilor financiare, este suma la care poate fi tranzacţionat un activ sau decontată o datorie, între părţi interesate şi în cunoştinţă de cauză, în cadrul unei tranzacţii desfăşurate în condiţii obiective

Valoarea justă: conform O.M.F.P. 3055/2009 actualizat, suma pentru care activul ar putea fi schimbat de bunăvoie între părţi aflate în cunoştinţă de cauză în cadrul unei tranzacţii cu preţul determinat obiectiv.

Valoarea justă: conform IAS 17 „Contracte de leasing", este suma la care poate fi tranzacţionat un activ sau decontată o datorie, de bună voie, între părţi aflate în cunoştinţă de cauză, în cadrul unei tranzacţii în care preţul este determinat obiectiv.

Valoarea justă netă: conform IAS 36 „Deprecierea activelor", este suma ce se poate obţine din vânzarea unui activ sau a unei unităţi generatoare de numerar, de bună voie, între părţi aflate în cunoştinţă de cauză, în cadrul unei tranzacţii în care preţul este determinat obiectiv, mai puţin costurile aferente cedării.

Valoarea matematic-contabilă: se stabileşte ca raport între capitalurile proprii (capital social, prime, rezerve, rezultate nerepartizate etc.) şi numărul acţiunilor sau părţilor sociale.

Valoarea netă contabilă: reprezintă diferenţa dintre valoarea de intrare: amortizările, provizioanele, ajustările de valoare, diferenţele de preţ, TVA neexigibilă şi alte elemente similare.

Valoarea nominală (Vn): este dată de raportul dintre capitalul social și numărul de acțiuni sau părți sociale.

Valoarea realizabilă netă: 1. conform IAS 2 „Stocuri", este prețul de vânzare estimat pe parcursul desfășurării normale a activității, minus costurile estimate pentru finalizare și costurile estimate necesare efectuării vânzării. 2. Prețul de vânzare estimat ce ar putea fi obținut pe parcursul desfășurării normale a activității mai puțin costurile estimate pentru finalizarea bunului și costurile necesare cedării.

Valoarea recuperabilă: reprezintă maximul dintre prețul net de vânzare al unui activ și valoarea de utilizare.

Valoarea reevaluată a unui activ: reprezintă valoarea reală a unui activ la data reevaluării mai puțin amortizarea ulterioară acumulată.

Valoarea recuperabilă a unui activ sau a unei unități generatoare de numerar: conform IAS 36 „Deprecierea activelor", este maximul dintre valoarea justă mai puțin costurile vânzării și valoarea sa de utilizare.

Valoarea reziduală: 1. este reprezentată de valoarea netă pe care o entitate estimează că o va obține pentru un activ la sfârșitul duratei de viață utile a acestuia după deducerea prealabilă a costurilor de cesiune previzionate. 2. Conform IAS 38 „Imobilizări necorporale", este suma estimată pe care o entitate ar putea să o obțină în momentul de față din cedarea unui activ după deducerea costurilor estimate ale cedării, dacă activul ar fi deja la vârsta și în forma preconizate pentru finalul duratei sale de viață utilă.

Valoarea reziduală garantată: conform IAS 17 „Contracte de leasing" este: (a) în cazul locatarului, acea parte a valorii reziduale ce este garantată de locatar sau de o parte afiliată acestuia (valoarea garanţiei constituind valoarea maximă ce devine plătibilă, în orice situaţie); si (b) în cazul locatorului, acea parte a valorii reziduale ce este garantată de locatar sau de o terţă parte neafiliată locatorului ce este capabilă, din punct de vedere financiar, să onoreze obligaţiile asumate prin garanţie.

Valoarea reziduală negarantată: conform IAS 17 „Contracte de leasing", reprezintă acea parte din valoarea reziduală a bunului în regim de leasing, a cărei realizare, de către locator, nu este sigură sau este garantată numai de o parte afiliată locatorului.

Valoarea specifică a unei entităţi: conform IAS 38 „Imobilizări necorporale", este valoarea actualizată a fluxurilor de numerar pe care o entitate se aşteaptă să le obţină din utilizarea continuă a unui activ şi din cedarea acestuia la sfârşitul duratei sale de viaţă utilă sau pe care entitatea se aşteaptă să fie generate la momentul decontării unei datorii.

Valoarea totală: cuprinde valoarea integrală a ratelor de leasing la care se adaugă valoarea reziduală.

Valuta: moneda naţională a unui stat deţinută şi folosită de o persoană străină în interiorul ţării emitente sau în afara graniţelor sale. De exemplu, EURO aflaţi în posesia unei firme din SUA reprezintă valută; tot astfel dolarii deţinuţi de o firmă din Franţa reprezintă valută pentru firma respectivă.

Vărsarea capitalului: reprezintă capitalul efectiv depus de către acționari sau asociați la dispoziția întreprinderii.

Venit: reprezintă creșteri ale beneficiilor economice înregistrate pe parcursul perioadei contabile sub forma de intrări sau creșteri ale activelor, ori descreșteri ale datoriilor care se concretizează în creșteri ale capitalului propriu, altele decât cele rezultate din contribuții ale acționarilor sau asociaților.

Venit net din salarii: se determină scăzând din venitul brut următoarele: contribuția personalului la asigurările sociale, contribuția la asigurările sociale de sănătate, contribuția personalului la fondul de șomaj și alte contribuții legale.

Venitul din activități curente: conform IAS 18 „Venituri din activitati curente", este: fluxul brut de beneficii economice dintr-un exercițiu financiar, rezultat în cursul activităților obișnuite ale unei entități atunci când acest flux se materializează prin creșteri ale capitalurilor proprii ale entității, altele decât creșterile rezultate din contribuțiile din partea participanților la capital.

Venituri aferente cifrei de afaceri: venituri din vânzarea produselor lucrărilor executate și serviciilor prestate, studii, cercetări, redevențe și chirii, din vânzarea mărfurilor și a altor activități curente.

Venituri contabile: veniturile din provizioanele și ajustările calculate din punct de vedere contabil fără a angaja o creanță sau o încasare.

Venituri din activitatea de exploatare: reprezentate prin activităţile principale şi conexe generatoare de beneficii economice.

Venituri din difereţe de curs valutar: venituri financiare reprezentate de veniturile obţinute din diferenţele favorabile de curs valutar, rezultate în urma lichidării împrumuturilor şi datoriilor în valută ale unităţii şi din diferenţele favorabile de curs valutar aferente disponibilităţilor bancare în devize, disponibilităţilor în devize existente în casierie, precum şi existentului în conturile de acreditare în devize.

Venituri din dobânzi: ţin evidenţa veniturilor financiare din dobânzile cuvenite pentru disponibilităţile din conturile bancare (inclusiv cele pentru investiţii), pentru împrumuturile acordate sau pentru livrările pe credit.

Veniturile conform Programul de Dezvoltare a Contabilităţii din România: constituie creşteri ale beneficiilor economice înregistrate pe parcursul exerciţiului contabil sub formă de intrări sau creşteri ale activelor sau descreşteri ale datoriilor, care se concretizează în creşteri ale capitalului propriu, altele decât cele rezultate din contribuţii ale acţionarilor.

Veniturile din diminuarea sau anularea provizioanelor şi ajustărilor: reprezintă veniturile obţinute din operaţii legate de provizioane şi cele care rezultă din influenţa ajustărilor.

Veniturile din impozitul pe profit amânat: reflectă creşterea beneficiilor economice înregistrate ca urmare a amânării repartizării impozitului pe profit şi a plăţii impozitului pe profit.

Veniturile din producţia de imobilizări: reprezintă costul de producţie al imobilizărilor corporale şi necorporale realizate în regie proprie şi evidenţiate ca active imobilizate inclusiv cheltuielile auxiliare privind procurarea şi punerea în stare de folosinţă a imobilizărilor.

Venituri din producţia de imobilizări: reprezintă valoarea lucrărilor de natura imobilizărilor realizate din producţie proprie.

Venituri din subvenţii de exploatare: sunt subvenţiile primite pentru acoperirea diferenţelor de preţ, pentru acoperirea pierderilor precum şi alte subvenţii de care beneficiază unitatea veniturile din diminuarea sau anularea provizioanelor şi ajustărilor, reflectă veniturile obţinute din operaţii legate de provizioane şi cele care rezultă din influenţa ajustărilor.

Venituri din variaţia stocurilor (producţia stocată): variaţia în plus sau în minus între valoarea la cost de producţie efectiv a stocului de produse şi valoarea producţiei în curs, fără a ţine seama de provizioanele pentru deprecieri constituite.

Venituri extraordinare: acele venituri care nu sunt legate de activitatea curentă, regulată, obişnuită a entităţii, exemplu: daunele pretinse de deţinătorii de poliţe de asigurare în urma producerii unor calamităţi.

Venituri financiare: refelectă beneficiile economice obţinute ca urmare a valorificării eficiente a resurselor financiare deţinute de entităţi cum sunt veniturile din participaţii, creanţe imobilizate, dobânzi, diferenţe de curs valutar, sconturi obţinute, alte venituri financiare.

Venit impozabil: reprezintă venitul brut, inclusiv facilităţile acordate de patron, obţinut de contribuabil din toate sursele într-o anumită perioadă fiscală, cu excepţia deducerilor şi scutirilor, aferente acestui venit, la care are dreptul contribuabilul conform legislaţiei fiscale.

Venituri înregistrate în avans: sunt venituri obţinute sau înregistrate înainte ca prestaţiile sau livrările să le fi justificat.

Veniturile înregistrate în avans: reprezintă sumele încasate în cursul exerciţiului, în contul unor servicii care vor fi prestate în cursul exerciţiului următor, când vor fi recunoscute ca venituri (de exemplu, chirii, abonamente încasate în avans).

Venituri neimpozabile: sunt veniturile prin care se recuperează cheltuielile pentru care nu s-a acordat deducere la momentul efectuării lor cum sunt: rambursări de impozit pe profit plătit în periodele anterioare, restituirea unor dobânzi şi/sau penalităţi de intârziere, veniturile din anularea unor provizioane care au fost considerate cheltuieli nedeductibile la data constituirii lor şi alte asemenea.

Venitul pe segment: conform IAS 14 „Raportarea pe segmente", este venitul raportat în contul de profit şi pierdere al unei entităţi care este direct atribuibil unui segment şi proporţia relevantă din venitul entităţii care poate fi alocată pe un temei rezonabil unui segment, fie din vânzări către clienţi externi, fie din tranzacţii cu alte segmente ale aceleiaşi entităţi.

Viramente interne: reprezintă viramentele de disponibilităţi dintr-un cont de trezorerie în alt cont de trezorerie sau mai general, a operațiunii care trebuie să facă obiectul unei înregistrări în mai multe registre auxiliare.

W

Warantul: un document care atestă existența mărfurilor într-un depozit general (porturi, vămi). El permite transmiterea proprietății, fiind utilizat pentru obținerea și garantarea creditului bancar. Warantul se utilizează fie ca efect de comerț (cambie) asigurând creditorului, respectiv băncii garanția asupra mărfurilor și posibilitatea răscumpărării creditului acordat, fie se poate mobiliza, respectiv negocia, respectiv poate fi vândut băncii obținându-se pe seama lui un împrumut.

Waranturile sau opțiunile: conform IAS 33 „Rezultatul pe acțiune" sunt instrumente financiare care acordă deținătorului dreptul de a cumpăra acțiuni ordinare.

Bibliografie

Legea nr. 82 din 1991, Legea Contabilității, republicată și actualizată, publicată în Monitorul Oficial nr. 454 din 2008.

- OMFP nr. 3055 din 2009, pentru aprobarea Reglementărilor contabile conforme cu directivele europene, publicat în Monitorul Oficial nr. 766 din 10 noiembrie 2009.
- Legea nr. 31/1991 privind Societățiile comerciale, republicată, publicată în Monitorul Oficial nr. 1066/17.11.2004, modificată și actualizată.
- OMFP nr. 3512/2008, privind documentele financiar-contabile, publicată în Monitorul Oficial 870 bis/2008.
- OMFP nr. 2.861 din 9 octombrie 2009, pentru aprobarea normelor privind organizarea și efectuarea inventarierii elementelor de natura activelor, datoriilor și capitalurilor proprii, Monitorul Oficial nr. 704/2009.
- OMFP nr. 40/15.01.2013 privind principalele aspecte legate de întocmirea și depunerea situațiilor financiare anuale și a raportărilor anuale la unitățile teritoriale ale Ministerului Finanțelor Publice, publicate în Monitorul Oficial nr. 44 din 21 ianuarie 2013.
- Ordonanța de Urgență a Guvernului nr.75/1999 privind activitatea de audit financiar, republicată în Monitorul Oficial al României, Partea I, nr.598 din 22 august 2003, cu modificările și completările ulterioare.

- Ordonanţa de Urgenţă a Guvernului nr.90/2008 privind auditul statutar al situaţiilor financiare anuale şi al situaţiilor financiare anuale consolidate publicată în Monitorul Oficial al României, Partea I nr.481 din 30 iunie 2008, aprobată cu modificări prin Legea nr.278/2008, publicată în Monitorul Oficial al României, Partea I nr.768 din 14 noiembrie 2008, modificată prin Ordonanţa de Urgenţă a Guvernului nr.78/2009, publicată în Monitorul Oficial al României, Partea I, nr.442 din 29 iunie 2009.
- Directiva 2006/43/CE a Parlamentului European şi a Consiliului din 17.05.2006, privind auditul statutar al conturilor anuale şi al conturilor consolidate, de modificare a Directivelor 78/660/CEE şi 83/349/CEE ale Consiliului şi de abrogare a Directivei 84/253/CEE a Consiliului (publicată de CAFR în volumul GHID privind unele reglementări ale profesiei de auditor, Bucureşti, 2006)
- Standardele Internaţionale de Raportare Financiara, Ediţia 2011, emise de Consiliul pentru Standarde Internaţionale de Contabilitate (IASB), Editura C.E.C.C.A.R., 2011.
- Reglementări Internaţionale de Audit, Asigurare şi Etică, Audit financiar 2008 (Vol. I-II), Editura Irecson, Bucureşti, 2009.

Index

(Termen: pag.)

A

195

B

C

197

Ð

E

F

G

I

Î

J

K

L

M

R

S

T

Titlul oneros: 172;
Titluri de capital: 172;
Titluri de plasament: 173;
Titluri de proprietate: 173;
Titlurile de creanţă: 173;
Titlurile de imobilizări: 173;
Titlurile de participare: 173;
Titlurile de participare şi
interesele de participare: 173;
Titlurile de participare şi
interesele de participare: 174;
Titlurile de stat: 174;
Total sume creditoare (TSC):
174;
Total sume debitoare (TSD):
174;

Transfer: 174;
Transfer de active: 174;
Transformarea biologică: 174;
Tranzacţia: 175;
Tranzacţie prognozată: 175;
Tranzacţii cu părţi afiliate: 175;
Trata: 175;
Trezoreria întreprinderii: 175;
Taxa: 175;
Taxa pe valoarea adăugată
(TVA): 176;
Taxă colectată: 176;
Taxă deductibilă: 176;
TVA de plată: 176;
TVA de recuperat: 176;
TVA neexigibilă: 176;

U

Unitate: 177;
Unitate generatoare de
numerar: 177;
Uniune de interese: 177;
Utilizatorii externi: 177;

Utilizatorii situaţiilor financiare:
178;
Uzura fizică a mijlocului fix:
178;
Uzura morală: 178;

V

Valoare amortizabilă: 179;
Valoare materială: 179;
Valoare realizabilă netă a
stocurilor: 179;
Valoare specială: 179;
Valoarea actualizată a unei
obligaţii privind beneficiul
determinat: 179;

Valoarea actualizată actuarială a
pensiilor promise: 180;
Valoarea ajustată: 180;
Valoarea bilanţieră: 180;
Valoarea contabilă (Vc): 180;
Valoarea contabilă: 180;
Valoarea contabilă a unui activ:
181;
Valoarea de cumpărare: 181;

Venituri neimpozabile: 189;
Venitul pe segment: 189;

Viramente interne: 190;

W

Warantul: 191;

Waranturile sau opţiunile: 191.

EDITURA LUMEN

Str. Ţepeş Vodă, nr.2, Iaşi

www.edituralumen.ro
www.librariavirtuala.ro

Printed in EU

www.ingramcontent.com/pod-product-compliance
Lightning Source LLC
Chambersburg PA
CBHW032303210326
41520CB00047B/904